KB234005

속이는 미디어,
분별하는 사고력

속이는 미디어,
분별하는 사고력

속이는 미디어,
분별하는 사고력

AI와 딥페이크 시대,
우리에게 꼭 필요한
미디어 리터러시와 감수성

오승용 지음

제가 처음 오승용 작가님을 알게 된 것은 미디어 리터러시라는 주제로 학교 도서관 작가 초청 강의를 준비할 때였습니다. 이 분야의 어떤 분이 학생들에게 이 내용을 이해하기 쉽게 전달할 수 있을까? 이 분야의 전문가라고 할 만한 사람이 누가 있을까? 라는 물음을 가지고 검색을 하다 우연히 작가님의 브런치 글을 보게 되었습니다. 미디어 리터러시 교육에 대한 작가님의 생각을 적은 글이었는데, 친구한테 말을 거는 듯한 그 글을 읽고 이 분을 꼭 모시고 싶다는 생각을 하게 되었어요. 그렇게 올해 초 굉장히 즐거운 작가와의 만남을 진행하게 되어 강연을 듣게 되었는데, 미디어 리터러시를 정말 이해하기 쉬운 형태로 조각조각 설명해 주셔서 학생들도 무척 집중했던 건 물론 저 역시도 자리를 비우기 어려울 정도로 흥미롭게 들었던 기억이 인상에 깊이 남았습니다. 이번 신간인 『속이는 미디어, 분별하는 사고력』을 읽는 데도 열정적으로 수업해 주셨던 그때의 목소리가 겹쳐 들려서 저도 모르게 웃음이 났습니다.

　작가님의 말과 글에서 제가 가장 귀하게 여기는 점은 자칫 우리에게 생소하고 어렵게 느껴질 수 있는 개념들을 누구나 이해하기 쉬운 언어로 바꾸어 일상적 사고 속에 자연스럽게 스며들게 해주시는 점이 아닌가 싶은데요. 이번 책에서도 작가님은 내가 주변 맥락을 무시한 채 습관적으로 무언가를 빠르게 결정하진 않는지, 내가 아는 것이 과연 '진짜로' 아는 것이라고 말할 수 있는지, 타인의 말이나 미디어에 의도되어 내가 결정한 거라고 잘못 생각하는 건 아닌지, 의심하고, 분별하고, 비판하는 사고 능력을 길러야 한다는 내용을 조근조근 설명해 주고 계시다는 인상을 받았습니다. 학생들도 인터넷이나 SNS를 하며 한 번쯤은 보았을 것 같은 다채롭고 트렌디한 예시들이 함께 실린 덕분에 설명하는 구간도 전혀 지루하게 느껴지지 않았고, 작가님이 앞에서 강의해 주시는 것처럼 즐겁게 읽을 수 있었습니다.

우리는 때때로 너무 많은 정보 속에 묻혀 스스로 판단한다고 믿으면서도, 사실은 미디어가 비쳐주는 프레임 안에서만 생각하고 있을지도 모릅니다. 오승용 작가님은 이 책을 통해 그런 타성적인 사고에서 잠시 멈춰 서서, 내가 보고 듣는 것이 과연 누구의 시선에서 만들어진 것인지, 나는 지금 어떤 렌즈로 세상을 바라보고 있는지를 묻습니다. 미디어는 도구이며, 도구는 언제나 양면성을 지닌다는 전제 아래, 작가님은 우리가 그 날카로운 칼날에 휘둘리는 소비자가 아니라, 칼의 손잡이를 잡고 올바르게 다루는 사용자로서 서야 한다고 단단하게 말합니다. 나의 일상 속 선택과 판단이 조금 더 신중해지기를 바라는 청소년과 성인이라면 『속이는 미디어, 분별하는 사고력』 책 속 조곤조곤한 문장들 속에서 분명 중요한 단서를 얻게 될 것입니다.

– 이재은(부천 상원고등학교 사서 교사)

추천사

"나를 알자, 미디어에 기대지 말자, 의도를 파악하자"

- 우리에게 필요한 "디지털 시민성"

기술의 발전으로 빠르고 편해진 대신 소중한 것을 많이 잃어 가는 상실감이 큰 시대입니다. 특히 진짜 같은 진짜 아닌 정보가 판을 치는 세상에서 우리 아이들의 주체적 삶을 위해 어떤 힘이 필요할지 교육자로서 고민이 많습니다. 오랜 시간 미디어 리터러시 교육을 실천해 온 저자는 이 고민에 실천적 해답을 제시해 줍니다. 비판적 사고와 미디어 감수성의 중요성을 흥미롭게 풀어낸 스토리를 쫓다 보면 어느새 '무엇이 진짜인지 스스로 판단하는 힘'이 내 안에 가득합니다. 미디어에 휘둘리지 않고, 자신을 지키며 타인을 배려하는 '디지털 시민성'을 갖추고 싶은 모든 이에게 이 책을 추천합니다.

- 김지영(강원특별자치도교육청교육연수원 교육연구사)

전편인 『위험한 미디어, 안전한 문해력』은 인투비전스쿨 학생들과의 수업에서 큰 반향을 일으킨 책입니다. 학생들이 영상과 뉴스, SNS 속 메시지를 비판적으로 해석하며 '왜 이 콘텐츠가 만들어졌는가?'라는 질문을 자연스럽게 던지기 시작했습니다. '가짜뉴스 판별', '딥페이크의 윤리', 'AI와 창작물의 구분' 등 복잡한 주제를 쉽고 흥미롭게 다루며 실생활과 연결해 주었습니다. 특히 스스로 멈추고 생각하는 습관이 자리 잡으며 학생들의 미디어 리터러시 감수성과 토론 능력, 자율적 사고가 향상되었습니다. 실제 적용 경험자로서 후속편인 이 책을 자신 있게 추천합니다.

– 배상식(인투비전스쿨 교장)

올바른 시민으로 살아가기 위해 이제는 필수가 된 '미디어 리터러시'. 학교 현장에서 국어를 가르치며 늘 기다리던 매체 교육을 만나게 되어 반갑습니다.

– 장애경(한성과학고등학교 국어교사 · 2022 개정교육과정 국어과 매체 관련 교과서 저자)

오승용 작가가 우리 반 아이들과 함께 미디어 리터러시를 주제로 수업한 순간을 또렷이 기억합니다. 아이들만큼이나 반짝이는 눈으로 '속이는 미디어'가 가득한 시대에 '분별하는 사고력'을 어떻게 갖추고 키워야 하는지 정확하게 설명했습니다. 저자가 방송국에 몸담으며 우리 삶 속에서 마주한 문제의식과 고민들은 우리 아이들에게 필요한 미디어 리터러시가 무엇인지, 교사와 부모들에게 커다란 울림을 전하리라 확신하며 추천합니다.

– 김기수(강릉 운양초등학교 교사 · 『정치하는 아이들』 저자)

인공지능AI 세상이 변하는 것을 보면 놀랍습니다. 이제는 스스로 자가발전을 하고 있다는 것입니다. 반면에 사람이 이에 적응하는 속도와 AI를 규제하는 규정은 AI의 발전 속도를 따라가지 못하기 때문에, 누군가 이를 악용하려 들면 인류는 위험에 처할 수 있습니다. 『속이는 미디어, 분별하는 사고력』은 분명 사람이 미래를 준비하는 기본 책이 될 것입니다.

- 박유남(강원시청자미디어센터 센터장)

오늘날 많은 사람이 SNS와 미디어에 자칫 중독되어 끝없는 타락과 추락으로 내몰립니다. 특히 딥페이크 미디어 범죄로 교도소에 들어오는 사람들이 안타깝게도 늘어나고 있습니다. 이 책은 미디어의 속임수를 알기 쉽게 깨닫고 대처하는 꼭 필요한 분별력을 갖게 해줍니다. 이 책을 통해 우리의 청소년과 청년들이 옳은 길을 따라가며 존귀한 인생을 잘 지켜나가시길 기대합니다.

- 김영식(소망교도소 소장)

청소년들과 일상을 함께하는 지도사로서, 이 책의 출간 소식이 무척 반가웠습니다. 미디어를 보는 눈을 넘어, 세상을 바라보는 생각의 깊이와 삶의 태도까지 흥미롭고 풍성하게 안내해 줍니다. 넘치는 정보 속에서도 휩쓸리지 않고 나만의 중심을 세우는 법을 자연스럽게 배우게 됩니다. 청소년은 물론, 청소년을 사랑하는 모든 어른에게 꼭 함께 읽기를 진심으로 권합니다.

– 조세영(서울시립금천청소년센터 청소년코디네이터[청소년지도사])

24시간 언제, 어디서든 시청 가능한 미디어인 휴대폰을 손에 쥐고 있는 초등생 학부모로서 요즘엔 다소 긴 시간 시청하는 유튜브 동영상보다도 짧은 시간 빠르게 보여지는 쇼츠를 많이 보고 그대로 믿는 아이 때문에 걱정이 많았습니다. 이런 미디어를 어떻게 보고 받아들여야 하는지 알려주고 고민하는 책이라서 반가웠습니다. 우리 아이가 이 책에서 말하는 것처럼 일방적으로 주입되는 시청자가 아닌 파악하고 선택하는 미디어 사용자로 거듭나는 데 도움이 될 것입니다.

– 정미애(서울 마천초등학교 6학년 지 건 학부모)

AI와 딥페이크 기술의 발전으로 진위 판별이 점점 어려워지는 미디어 환경에서, 오승용 저자의 저서는 미디어 리터러시와 비판적 사고의 필요성을 깊이 있게 일깨워 줍니다. 저자는 다양한 실제 사례를 통해 딥페이크 기술의 잠재적 위험성과 정보 왜곡의 심각성을 쉽게 이해할 수 있도록 설명하며, 독자들에게 정보의 신뢰성을 판단할 수 있는 사고력과 감수성의 중요성을 강조합니다. 미국에서 자녀를 키우며 미디어의 홍수 속에 살아가는 부모뿐만 아니라 모든 세대에게 경각심을 불러일으키는 이 책은, 단순한 정보 습득을 넘어 '생각하고, 의심하고, 분석하는 힘'을 기르는 데 필수적인 길잡이가 될 것입니다. 아이들과 성인 모두에게 필독을 권하는 바입니다.

— Jinhee Collier(Stargate Charter School Jayden Collier 12th 학부모)

디지털 플랫폼이 주의력을 빼앗고 편향을 강화하며 우리의 행동을 조용히 수익화하도록 설계된 세상 속에서, 이 책은 정직하고 꼭 필요한 책처럼 느껴집니다. 이 책은 나이와 상관없이 독자들을 있는 그대로 받아들이며, 단순한 스크린 사용을 넘어서는 비판적 사고로 우리를 이끕니다. 『속이는 미디어, 분별하는 사고력』은 흔히 볼 수 있는 '청소년은 화면 중독자'라는 식의 공포 담론에 휘말리지 않고, 오히려 청소년을 '생각할 수 있는 존재'로 존중합니다. 이 책은 우리가 세상을 어떻게 인식하고 느끼는지를 형성하는 시스템을 이해하고 질문할 수 있는 도구를 제공하며, TikTok을 올바르게 즐기는 방법을 보여줍니다.

— ZACHARY SHIN(Environment And Concept Design)

왜
또 책을 썼냐고요?

전작 『위험한 미디어, 안전한 문해력』 출간 이후, 첫 저자 강연회로 천안의 ○○중학교에 다녀왔습니다. 학생들이 미리 저의 책을 읽고, 궁금한 점을 포스트잇에 적어주었어요. 그중에서 가장 많이 나온 질문은 바로 이거였어요. "이 책을 쓰게 된 이유는 무엇인가요?"

이 질문에 저는 미디어 리터러시 능력이 매우 필요하다는 걸 알려 주고 싶었어요. 왜냐하면, 미디어 리터러시를 어려운 이론으로 인식하는 사람들이 많았거

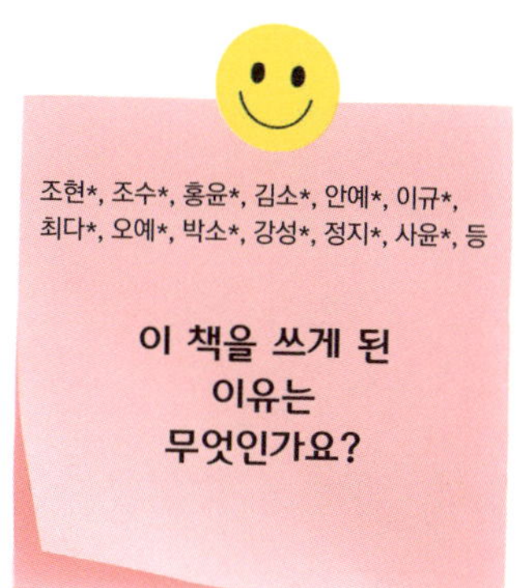

든요. 그래서 저는, 미디어 리터러시가 우리의 일상생활에서 꼭 필요
한 능력이라는 점을 알려주고 싶었어요. 생성형 AI, 알고리즘, 딥페이
크 같은 기술이 빠르게 발전하면서 여러분은 조작된 정보에 쉽게 노
출될 수 있어요. 그러기에 비판적 사고는 더 이상 선택이 아니라 필수
가 되었습니다.

이러한 변화에 발맞춰 교육부도 미래 교육을 위해 '2022년 개정
교육과정'을 만들었어요. 이 교육과정의 주요 내용 중 하나는 국어,

프롤로그

사회, 미술 등 모든 교과에 '디지털 소양'★을 반영해야 한다는 거예요. 이는 디지털 기기를 사용하고, 디지털 세상에서 살아가는 여러분이 어떻게 미디어를 이용해야 하고, 어떻게 생각하며, 어떤 책임감을 가져야 하는지를 말해요. 결국 안전하게 미디어를 활용할 수 있는 미디어 리터러시 능력을 갖추어야 하는 세상이 된 겁니다.

제가 이번 책에서 강조하고 싶은 건 책임감 있는 미디어 사용이에요. 과거에는 딥페이크나 AI 활용은 방송국이나 특정 기업에서나 할 수 있었어요. 하지만 이제는 스마트폰만 있으면 누구나 쉽게 AI를 이용한 영상을 만들 수 있고, 초보 수준의 딥페이크 영상도 만들 수 있어요. 이런 시대에는 '디지털 소양'을 갖춰야만, 안전한 미디어 사용이 가능해요. 그렇기 때문에 미디어 리터러시 능력은 지금 우리 모두에게 꼭 필요한 역량이 된 것입니다.

제가 강의를 하며 만난 선생님들은 학생들에게 미디어 리터러시 교육을 어떻게 해야 할지에 대한 고민이 많으셨어요. 관련 논문을 찾아봐도, 많은 교사들이 이 교육을 지도하는 데 부담을 느낀다고 합니다. 이런 이유로 저는 학교와 가정, 그리고 다양한 기관에서 교육 가능한 미디어 리터러시 책을 써야겠다고 마음먹게 되었습니다.

★ 디지털 소양: 디지털 지식과 기술에 대한 이해와 윤리 의식을 바탕으로, 정보를 수집·분석하고 비판적으로 이해·평가하여 새로운 정보와 지식을 생산·활용하는 능력(한국교육과정평가원 정의).

자, 이제 이 책에 대해 간단히 소개하고 시작할게요. 이 책의 주요 내용은 2021년부터 2025년까지 강원 전 지역의 초·중·고등학교를 직접 찾아가서 진행한 미디어 리터러시 교육 경험을 바탕으로 작성했어요. 전작『위험한 미디어, 안전한 문해력』에 이어, 다양한 실제 사례를 통해 미디어 리터러시 교육이 왜 중요한지 말하면서 이 시대에 꼭 필요한 미디어 감수성에 대해서도 함께 이야기해 보려고 해요.

부디 여러분이 이 책을 통해 미디어 리터러시가 이론이 아닌 생활 속에서 꼭 필요한 능력임을 깨닫는 데 도움이 되길 소망합니다.

- 오승용

제가 가장 인상 깊었던 부분은 Part 3. '왜 자꾸 끌리는 걸까?' 였습니다. 일상생활 속에서 별다른 의심 없이 받아들이던 정보들이 자세히 알아보면 과장되고 거짓된 경우가 많다는 것이 놀라웠어요. 그리고 SNS에서 사람들의 주목을 끌기 위해 영상의 제목, 뉴스 기사의 헤드라인이 자극적으로 작성되고 있다는 것이 무섭게 다가왔습니다. 요즘처럼 정보가 넘쳐나는 시대에 정확한 정보인지 확인하고, 스스로 생각하는 힘을 기르는 게 중요하다는 걸 알게 됐어요.

조예○

나태주 시인이 '풀꽃'이라는 시에서, '풀꽃은 자세히 보면 예쁘고, 오래 보면 사랑스럽다'와 같은 표현을 했어요. 야생화나 들꽃이 그냥 스쳐 지나가면 그저 푸른색으로만 기억될 테지만 자세히 들여다보면 정말 아름답다는 걸 알 수 있다는 거죠. 그러나 미디어에서 보이는 것은 종종 그와 반대일 때가 있어요. 멀리서 보면 화려하고 예쁘지만, 가까이에서 자세히 보면 꼭 그렇지만은 않은 경우가 많거든요. 조예○ 학생이 제 책을 읽고 그렇게 느꼈다면, 앞으로 미디어를 볼 때도 잠시 멈춰서, 정확한 정보인지 확인해 보고, 비판적으로 생각해 보길 바랍니다.

오승용

고용○

AI 예시들이 인상 깊었어요. AI와 현실이 구별하기 힘들 정도로 AI가 발전했음을 알았고요. AI가 다양한 산업들과 접목되어서 기대도 되지만, 반면에 AI를 보며 '내가 보고 있는 것도 한 번쯤 더 생각해 봐야겠구나'라는 다짐을 했어요. 그리고 대부분의 사람들이 '자신이 보고 싶은 것만 본다'는 점이 놀라웠어요.

저도 제가 좋아하는 것만 먹고, 좋아하는 분야만 공부하는 편이었어요. 그래서 다른 분야에 대해서는 거의 모른다고 해도 과언이 아니죠. 그렇기 때문에 고용○ 학생도 어떤 생각이나 선택할 때, '혹시 내가 보고 싶은 것만 보고, 내가 원하는 것만 선택하고 있는 건 아닐까?' 스스로에게 물어보면 좋을 것 같아요.

오승용

최정○

'인터넷에서 맛집 식당을 찾아서 갔을 때, 맛집일 수도 있지만, 아닐 수도 있는 것처럼 선택을 해야 할 때, 아무런 정보도 없는 상태라면 뭐라도 의지할 수밖에 없다'는 이 부분을 보고 공감이 됐어요. 새로운 곳에서 무엇을 해야 할 때 리뷰를 찾아보고 좋다고 해서 가봤지만 별로였던 적도 많았어요. '아무래도, 비싼 게 더 낫겠지?'라며 정확한 정보 없이 선택했던 적도 있어요.

저는 주변 분들로부터 맛집 추천을 자주 부탁받아요. 그런 저에게는 한 가지 철칙이 있는데요. '내가 직접 가서 먹어보지 않은 곳은 추천하지 않는다'라는 거예요. 그래서 아내와 함께 틈틈이 카페와 식당을 직접 찾아다니며 저만의 맛집 지도를 만들어서 추천하죠. 최정○ 학생도 정보를 찾거나, 받을 때 원칙을 만들어 보는 건 어떨까요?

오승용

박선○

AI 기술이 빠르게 발전하면서 사람들은 인공지능에 더욱 의존하고 있습니다. ChatGPT와 같은 AI가 이제 일상생활에서도 쉽게 이용되는 만큼, 개개인이 정보를 구별할 수 있는 능력을 키우기 위해 실천하기 좋은 방법이 있나요?

오승용

저는 박선○ 학생이 'AI도 틀릴 수 있다'는 생각을 가졌으면 해요. AI를 만능 척척박사처럼 맹신하지 않아야 해요. 하나의 정보만 믿기보다는, 다른 정보들도 함께 확인하고, 비교해 보는 습관을 추천해요. 이것을 '크로스체크'라고도 해요. 다양한 출처의 내용을 비교해 보는 습관을 들이면 훨씬 더 안전하고 정확하게 정보를 얻을 수 있을 거예요.

임수○

무분별한 AI 사용으로 인해 그림, 글 등을 창작하는 사람들에게 피해를 주고 있는 상황인데요. 이것을 어떻게 해결하면 좋을까요?

오승용

저는 '창작물'이라는 표현부터 재고해 봐야 한다고 생각해요. 왜냐하면 AI는 인간이 만든 기존 데이터를 학습한 뒤, 그 결과물을 만들어 낸 것이기 때문에, 엄밀히 말하면 창작이라고 보긴 어렵거든요. 그래서 저는 'AI 제작물'이나 'AI 결과물'이라는 표현이 더 적절하다고 생각해요. 이런 이유로 AI 사용에 대한 윤리 교육이 너무나도 중요합니다.
그리고 AI를 이용해 누구나 쉽게 그림을 만들 수 있는 시대가 되었지만, 여전히 세밀한 표현이나 작가의 의도를 온전히 담아내는 일은 쉽지 않아요. 저는 그림이란, 작가의 의도와 보는 이의 해석이 만나 완성되는 예술이라고 생각해요. 그렇기 때문에 AI가 발전할수록, 오히려 창작의 중심에 인간이 있다는 사실이 더욱 분명해질 거예요.

차 례

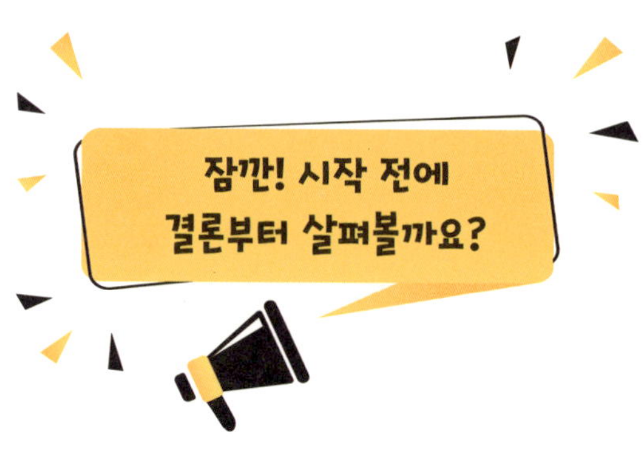

책 읽는 거, 쉽지 않죠? 책 몇 장만 넘겨도 눈꺼풀이 스르르 무거워지는 그 느낌……너무 잘 알아요^^. 그래서 혹시라도, 아주 혹시라도 끝까지 못 읽게 될까 봐 이 책의 결론부터 살짝 공개하고 시작하려고 해요. 제가 미디어 리터러시 교육에서 반드시 꼭 전하는 핵심 세 가지를 소개할게요.

첫째. 나를 알자!(너 자신을 알라)

둘째. 미디어에 기대지 말자!DO NOT LEAN

셋째. 의도를 파악하자!(왜 만들어졌을까?)

이 세 가지만 기억해도, 앞으로 미디어를 볼 때마다 "한 번 더 확인해 봐야겠는데"라는 마음이 들 거예요. 그러니까 영화 예고편처럼 가벼운 마음으로 봐주세요. 자, 그럼 시작해 볼까요~

이 책의 결론 ① 나를 알자!(너 자신을 알라)

"너 자신을 알라"

이 말은 이 책에서 전하고자 하는 중요한 메시지예요. 좀 더 쉽게 말하면, 내가 정말 알고 있는 게 맞는지 스스로 점검해 보자는 의미죠. 마치 이런 식으로.

"내가 이거 진짜 아는 걸까?"
"내가 아는 건, 전체 중에 아주 일부분일 수 있어"
"내가 알고 있는 것을 다른 사람에게 설명하거나 글로 쓸 수 있을까?"

그런데 우리는 일상생활에서 이런 말을 자주 하죠.

"알 것 같은데?"
"들은 것 같은데?"
"본 것 같은데?"

그렇다면 이건 정말 아는 걸까요? 여러분도 느꼈겠지만, 이건 아는 거라고 말할 수 없어요. 예를 들어볼게요. 여러분은 '학사-석사-

박사-교수의 생각'이라는 짧은 유머글을 본 적 있나요?

위 내용을 보면 어떤 생각이 드나요? 이처럼 공부를 깊이 하면 할수록, 오히려 자신이 얼마나 모르는지, 어떤 점이 부족한지 명확하게 알 수 있어요. 저 역시 미디어 리터러시를 깊이 이해하기 위해 오랜 시간 공부하고 있지만, 여전히 배워야 할 것이 많다는 것을 느낍니다. 그리고 배우면 배울수록 오히려 저의 부족한 부분이 더 뚜렷하게 보이기 때문에, 멈추지 않고 계속 배워 나가고 있습니다. 이렇듯 자신 있게 "나 그거 알아"라고 말하는 건 정말 쉽지 않아요.

그럼 구체적인 사례 하나를 볼게요.

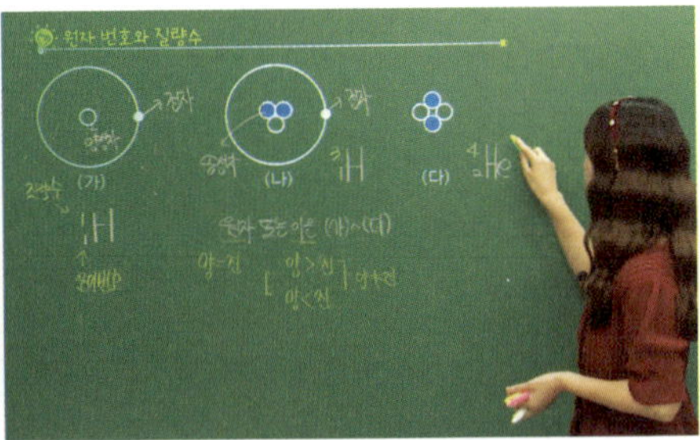

〈그림 1〉 영어·화학 동영상 강의.[1]

〈그림 1〉처럼 여러분이 배우고 싶은 과목을 공부하기 위해 동영상 강의를 본다고 생각해 봐요. 분명 선생님과 함께 문제를 풀 때는 문제가 쉽게 풀리고, 잘 이해됐다고 생각할 수 있어요. 그런데 막상 여러분이 직접 문제를 풀려고 하면 눈앞이 캄캄해진 경험이 있지 않나요? 이런 경험처럼 분명 안다고 생각했지만, 단순히 듣고, 본 것만으로는 진정한 이해와 지식을 갖추었다고 말하기 어려워요. 그래서 스스로 직접 설명해 보거나 글로 정리해 보는 과정이 필요해요. 이런 과정을 통해서 **내가 얼마나 알고 있는지, 무엇을 모르는지 스스로 확인할 수 있어요**. 그렇다면, 전 세계에서 가장 똑똑하다고 인정받는 분들의 이야기도 한 번 들어볼까요?

공자 "아는 것을 안다고 하고, 모르는 것을 모른다고 하는 것이 참된 앎이다 知之爲知之, 不知爲不知, 是知也."

소크라테스 "나는 내가 아무것도 모른다는 것을 안다 I know that I know nothing."

아인슈타인 "내가 더 많이 배울수록, 내가 얼마나 모르는지를 더 깨닫게 된다 The more I learn, the more I realize how much I don't know."

공자, 소크라테스, 아인슈타인은 동서양을 대표하는 지혜로운 인물들이에요. 위에서 소개한 이 세 분의 명언 속에는 공통점이 있습니다. 바로 '지식의 겸손'이에요. 많이 배울수록, 오히려 내가 얼마나 모르는지가 더 뚜렷해진다고 해요. 이렇듯 '현자wise person'라 불리는 사람들도 쉽게 말하지 못하는 "나 다 알아"라는 말을 우리는 너무 쉽게 말하는 건 아닐까요?

〈그림 2〉 어느 식당의 유머러스한 안내 문구 "반찬은 셀프".[2]

〈그림 2〉는 모든 사람이 셀프로 가져가야 한다는 의미를 유쾌하게 전달하고 있어요. 이번엔 제가 〈반찬 셀프〉의 방식처럼 '안다'는 것에 대해 이렇게 표현해 보고 싶어요.

공자, 소크라테스, 아인슈타인보다 더 많이 안다고 생각하는 사람만 "난 다 알아요"라고 말해도 됩니다.

앞으로 자신 있게 "나 다 알아요"라고 말하는 게 쉽지 않겠죠.^^ 여러분은 매일매일 미디어를 통해 다양한 정보를 접하게 될 거예요. 그리고 많은 것을 알게 되었다고 느낄 수 있어요. 하지만 단지 본 것만으로 "나 그거 알아"라고 말하는 건 조심해야 해요. 이 책은 여러분이 미디어에서 보이는 것들을 스스로 점검할 수 있는 힘을 기를 수 있도록 도와줄 거예요. 그러기 위해서는 나를 아는 것이 너무나 중요해요. '나를 아는 것'이 미디어 리터러시의 출발입니다.

이 책의 결론 ② 미디어에 기대지 말자DO NOT LEAN

제가 교육을 시작할 때 아래와 같은 질문을 합니다.

제가 아무런 자기소개도 하지 않고
서울대 점퍼를 입고 교실을 왔다 갔다 하면,
저를 어떤 사람으로 생각할 것 같아요?"

여러분이라면 뭐라고 대답할 것 같나요?
생각나는 대로 말해보세요.

학생들은 보통 이렇게 말해요.

〈그림 3〉 서울대 야구점퍼.[3]

"서울대 학생이요", "공부 잘할 것 같아요"라고 말해요. 그럼 제가 이 질문을 왜 했을까요? 저는 이 메시지를 전달하고 싶었어요.

"보이는 것에 너무 쉽게 기대지 마세요"

왜냐고요? 제가 학생들에게 많은 정보를 주지 않았는데, 단순히 서울대 점퍼를 입었다는 것만으로 벌써 확신에 찬 결론을 내렸어요. 그래서 저는 이 시작 질문을 통해, 단순히 보이는 것만으로 쉽게 기대면 안 된다는 점을 말하고 싶었어요.

그럼, 여기서 복습해 볼게요. 앞부분에서 봤던 '학사-석사-박사-교수의 차이'에 대한 인터넷 유머 기억나죠? 그때 '교수' 부분이 빠져서 이상하다고 느꼈을 거예요? 왜냐하면, 이 글의 핵심 메시지가 바로 교수의 말에 담겨있기 때문입니다.

교수: 나는 아무것도 모르는데 내가 얘기하니까 학생들이 다 믿더라.

이 유머는 웃기기도 하지만, 한편으로는 '전문가'의 말만으로도 사람들이 쉽게 신뢰하고 믿어버리는 사회 분위기를 잘 보여주는 것 같아요. 그렇다면, 우리는 어디에서 다양한 전문가의 말을 들을 수 있을까요? 저는 미디어라고 생각해요. 뉴스와 신문을 비롯해 다양한 미디어에는 교수, 의사, 변호사와 같은 전문가들이 자주 등장해요. 물론 그분들은 공부도 많이 했고, 각자의 분야에서 오랫동안 연구해온 분들입니다.

하지만! 여러분은 미디어에서 보이는 전문가들의 말조차도 비판적으로 바라봐야 해요. 왜냐고요? 전문가의 말은 신뢰할 수 있는 정보일 가능성이 높지만, 그 속에는 개인적인 생각이 들어갈 수도 있고 때론 실수할 수 있어요. 그래서 전문가가 말하는 내용도 하나의 '의견'이라고 생각했으면 해요. 그리고 전문가의 말을 들을 때도 그 맥락과 근거를 함께 따져보는 태도가 중요해요.

그리고 무엇보다, 학교에서 배움을 이어가는 여러분과 저는 누군가가 말한 것, 누군가가 생각을 정리한 것을 그대로 받아들이기보다는 직접 해당 내용을 찾아보고 확인하는 습관이 필요해요. 비록 여러분이 확인한 결과가 전문가의 말(의견)과 동일하더라도, 그 내용을 스스로 확인하는 과정이 곧 학습이 될 수 있어요.

여러분의 유치원 때를 잠시 떠올려 볼까요? 6~7살일 때 가장 믿었던 사람이 누구였을까요? 아마도 부모님이나 형제, 자매와 같은 가족들일 거예요. 그래서 어린아이들의 대화 속에서 〈그림 4〉과 같은 말이 오가죠.

"우리 엄마가 그랬어"

이건 단순히 어린아이들만의 표현이 아닙니다. 어른들도 자신이 신뢰하는 사람의 말을 확인 없이 쉽게 믿고 기대는 경우가 많거든요.

그래서 미디어에 쉽게 기대지 않는 노력이 필요해요. 왜 그런지, 그 이유에 대해서 이 책에서 더 자세히 알려 줄게요.

<그림 4> 아이들이 신뢰하는 대상.[4]

이 책의 결론 ③ 의도를 파악하자!(왜 만들어졌을까?)

여러분이 만약 100명의 학생을 대상으로 2시간 교육을 해야 한다면, 어떤 느낌이 들 것 같아요?

"떨릴 것 같아요"라고 할 수도 있고, "생각만 해도 너무 좋아요"라고 말할 수도 있어요. 그럼, 교육 전에 뭘 준비해야 할까요? 당연히 교육을 위한 자료를 준비해야겠죠. 그리고 또 뭘 준비해야 할까요? 만약 여러분이 저에게 이 질문을 한다면, 저는 이렇게 말할 거예요. "재미있는 자기소개를 준비할 거예요."

왜냐하면, 100명의 학생들과 함께 2시간 동안 잘~ 보내기 위해서는 첫인상을 잘 만드는 게 너무나 중요해요. 왜냐하면 학생들이 교육하는 사람을 어떻게 생각하는지에 따라 그날 교육의 결과가 달라질

수 있거든요. 그래서 저는 학생들이 저를 '재미있고 유쾌한 사람이네'
라고 느끼고 마음을 열 수 있도록, 늘 재미있는 자기소개를 하려고 노
력해요. 이것을 심리학 용어로 라포Rapport★를 형성한다고 해요. 그래
서 좋은 라포가 형성되면, 2시간 동안 강사와 학생 모두가 편하게 이
야기 나누면서 알찬 교육을 진행할 수 있어요. 그럼, 제가 만든 자기소
개 영상〈그림 5〉를 잠시 볼까요?

　저의 '자기소개' 영상에는 여러 가지 의도가 담겨 있어요. 먼저 차
노을의 〈HAPPY〉 리듬에 맞춰 엉성하지만 ^^ 랩으로 저를 소개합니
다. 하지만 이 영상에는 제 의도를 말이나 자막으로 다 설명하지 않았
어요. 예를 들어, 영상 속에는 제가 트럼펫을 멋지게 연주할 수 있을
때 연주하고 싶은 장소, 제가 가장 좋아하는 노래의 특정 구간, 좋아하

〈그림 5〉 강사 오승용 자기소개

★　　라포Rapport : 상호 신뢰 관계를 의미하는 것으로 두 사람 사이에 감정 교
　　　류를 통한 공감이 형성되어 있는 상태(서울아산병원-알기 쉬운 의학용어).

잠깐! 시작 전에 결론부터 살펴볼까요?

는 색깔처럼 저만 알고 있는 의미들이 담겨있어요.

또 이 영상은 유명한 해변에서 촬영했지만, 사람은 등장하지 않아요. 왜일까요? 그건 제가 편집했기 때문이에요. 즉, 이 영상은 제가 여러분에게 보여주고 싶은 것만 보여주는 영상이라는 뜻이죠. 이런 의미를 담은 이유는 여러분이 보는 미디어 역시 제작자의 의도가 담긴 영상이기에 구체적으로 의도를 알려주기 전까지는 모를 수 있기 때문입니다. 저는 이렇게 자기소개 영상을 통해 오늘 교육의 중요성을 알려주며 '미디어 리터러시'의 교육을 시작합니다.

그럼 다른 사례도 하나만 더 볼게요.

〈그림 6〉을 보면 무엇이 떠오르나요? 다섯 가지 색깔과 그 아래 적힌 영어 단어들이 보이죠. 이 색깔들과 영어 단어의 관계를 생각해보면, 혹시 여러분이 재미있게 봤던 어떤 영화가 떠오르지 않나요?

맞아요. 제가 말하고자 하는 영화는 바로 디즈니 픽사에서 만든

〈그림 6〉 다양한 감정.[5]

〈인사이드 아웃inside out〉입니다.

이 영화는 11살 소녀 라일리Riley Andersen의 감정들이 어떻게 작동하고 변화하는지를 흥미롭게 보여줘요. 아직 이 영화를 보지 못한 분들을 위해 간단히 소개할게요. 이 영화는 사람마다 자신의 머릿속에 '감정 컨트롤 본부'가 있다는 설정으로 시작돼요. 그리고 주인공 라일리의 머릿속에는 다섯 가지 감정을 대표하는 캐릭터들이(기쁨이, 슬픔이, 버럭이, 까칠이, 소심이) 등장해요. 이 캐릭터들은 라일리의 감정 변화에 따라 어떻게 행동하는지 보여주는 애니메이션 영화입니다.

그럼, 여기서 질문! 이 영화의 제목인 'inside out'은 무슨 뜻일까요? 쉽게 말하면 '안에 있던 것이 밖으로 나온 상태'를 의미해요. 그런데 왜 완벽한 문장도 아니고, 그냥 어떤 상태를 나타내는 영어 표현을 영화에서 너무나도 중요한 제목으로 썼을까요? 다 의도가 있겠죠.^^

먼저 영어 표현으로서의 inside out에는 여러 의미가 있어요.

1-1 inside out : 겉과 속이 바뀐, 뭔가 뒤집힌 상태

1-2 inside out: 속이 다 보이게 뒤집힌 상태

1-3 inside out: 속속들이 알다, 완벽히 이해하다

다양한 의미가 있죠? 그럼, 〈인사이드 아웃〉의 감독인 피트 닥터Pete Docter의 의도를 한 번 확인해 볼까요? 그 단서는 그의 인터뷰 내용에서 찾을 수 있어요. 그는 자신의 딸이 11살이 되면서 점점 조용해지는 모습을 보고, '우리 딸 머릿속에서 무슨 일이 벌어지고 있는

걸까?'라는 궁금증에서 이 영화를 만들었다고 해요.[6] 또한 그는 "감정은 단순한 반응이 아니라, 관계를 연결하는 힘이다"라고 말해요.[7]

그럼, 이제 우리 함께 이 제목의 의미를 찾아봐요. 영어적 표현과 감독의 생각을 정리하면 이렇게 정리할 수 있을 것 같아요.

2-1 라일리의 겉으로 보이는 행동뿐 아니라, 마음속 감정이 어떻게 움직이는지를 보여주는 영화예요.

2-2 복잡하고 급변하는 11살의 라일리의 속마음을 관객들에게 훤히 보여주는 영화예요.

2-3 우리 모두가 느끼는 감정이 어떻게 작동하는지 관객들에게 제대로 이해시켜 주는 영화예요.

저는 이런 이유들 때문에 제목이 'Inside Out'으로 제목이 되었다고 생각해요. 물론 어디까지나 제 해석일 뿐이고, 여러분은 또 다른 의미를 발견할 수도 있어요. 그럼, 왜 이 중요한 책의 앞부분에 결론을 미리 알려주는 이 시점에서 영화 〈인사이드 아웃〉 이야기를 꺼낸 걸까요? 이것 역시 저의 의도가 숨겨져 있습니다.^^

여러분이 보는 섬네일, 숏폼 콘텐츠, SNS 이미지 등 각종 게시물은 그냥 심심해서 올린 것이 아니라 의도가 있다는 점을 기억했으면 좋겠어요. 그리고 영화 〈인사이드 아웃〉에 등장하는 다양한 감정들-기쁨, 슬픔, 분노, 혐오, 두려움-은 미디어에서 자주 활용되는 도구예요.

그렇기 때문에 어떤 영상을 보고 난 뒤 여러분이 느끼는 감정에 대해서도 생각해 봐야 해요. 왜냐하면 영상은, 특정한 감정을 느끼도록 의도를 담아 만들 수 있기 때문이에요. 그래서 '내가 왜 화가 나는 거지?', '내가 왜 즐거운 거지?', '내가 왜 두려운 거지?'처럼, 여러분이 느끼는 감정을 자세히 들여다보는 순간, 미디어가 감정을 이용하는 방식과 의도를 알아차릴 수 있을 거예요.

저는 이러한 의도를 담아서 영화 〈인사이드 아웃〉 이야기를 꺼냈어요. 왜냐하면 'Inside out'에 다양한 뜻이 있는 것처럼 이 책도 다음과 같은 의도를 가지고 만들었어요.

3-1 미디어 리터러시는 나 자신을 점검하고 확인할 수 있는 능력이에요.

3-2 미디어 리터러시는 미디어가 보여주는 것에 쉽게 기대지 않도록 도와주는 능력이에요.

3-3 미디어 리터러시는 미디어가 보여주는 내용 속에 담긴 의도를 파악할 수 있게 해주는 능력이에요.

이제 본격적으로 이야기를 시작해 볼게요.^^

PART 1

1 더하기 1은 정말 2가 맞을까?

언제까지 자동 선택 모드만
사용할 거야?

본격적으로 시작하기 전에, 간단히 몸풀기 테스트를 하나 해보죠.
아래 그림을 화살표 방향으로 읽어 보세요.

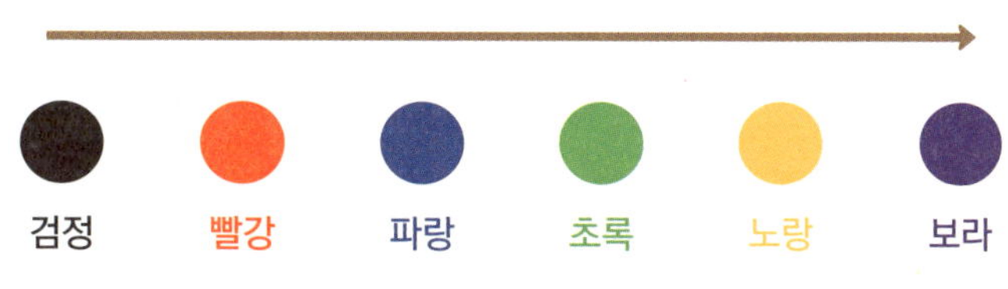

〈그림 7〉 읽어 보세요.

읽는 데 별 어려움이 없죠? 오히려 글씨와 배경색이 잘 어울려서 더 쉽게 읽을 수 있을 거예요.

그럼 이번엔 색 밑에 썼던 글씨를 지워볼게요. 다시 한번 읽어 보세요.

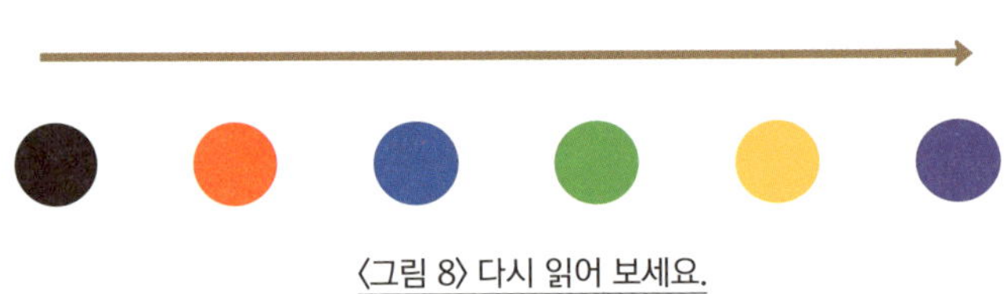

<그림 8> 다시 읽어 보세요.

여전히 어렵지 않게 읽을 수 있죠? 그럼 이제 진짜 테스트를 해볼게요.

이제는 글씨를 읽는 것이 아니라 글씨의 '색깔'을 말해야 합니다. 예를 들면 이런 식이에요.

(파랑) ← '빨강'이라고 말하는 거예요.(글자가 아니라 색깔을 말해야 해요)

다음 <그림 9>를 화살표 방향으로 따라가면서 색깔을 말하세요.

30초 드릴게요. 틀리는 순간 멈추고 몇 개까지 말했는지 체크해 보세요.(시작은 빨강, 노랑, 파랑으로 시작합니다^^)

PART 1.

파랑	초록	노랑	보라	검정	빨강
노랑	파랑	검정	빨강	보라	초록
검정	노랑	파랑	초록	빨강	보라
빨강	초록	노랑	파랑	보라	검정
초록	노랑	검정	보라	파랑	빨강
빨강	초록	보라	검정	노랑	파랑
보라	빨강	파랑	초록	검정	노랑

〈그림 9〉 스쿱 테스트.

마지막 파랑, 초록, 빨강까지 다 말할 수 있었나요? 쉽지 않죠?^^

하나 더 해볼까요? 제가 "하나, 둘, 셋" 하면 아래의 그림처럼 빠르게 손을 깍지 껴보세요.

〈그림 10〉 따라 해보세요.[8]

"하나, 둘, 셋!"

깍지를 잘 꼈나요? 어떤 손의 엄지가 맨 위에 있나요? 왼손인가요, 오른손인가요? 꼭 기억해 두세요. 이건 사람마다 다릅니다. 저는 왼손 엄지가 맨 위에 있어요.

이제 손을 풀고 차렷 자세를 해보세요. 제가 다시 "하나, 둘, 셋!" 하면 아까와는 반대 엄지가 위로 오도록 깍지를 껴보세요. (처음에 왼손 엄지가 위였던 사람은 오른손 엄지가 위로 오도록 해보세요)

"하나, 둘, 셋!"

잘 됐나요? 조금 어색하지 않았나요? 저는 세 번째, 네 번째 손가락들이 부딪치네요. 저처럼 어색한 사람도 있지만, 오른손과 왼손을 자유롭게 위치를 바꿀 수 있는 사람도 있어요. 그러나 대체로 많은 사람이 어색함을 느낀다고 해요. 왜 그럴까요?

비록 아주 간단한 활동이지만 낯선 상황에 뇌가 어떻게 반응하는지를 여러분이 직접 경험해 보길 바랐기 때문이에요. 그럼, 왜 평소와는 달리 부자연스럽고 어색하게 느껴졌는지 그 이유를 설명해 볼게요.

노벨 경제학상을 받은 대니얼 카너먼Daniel Kahneman 교수의 책 『생각에 관한 생각』에서 이 현상을 쉽게 설명해 주고 있어요. 이 책에서는 우리 뇌에 '시스템 1'과 '시스템 2'가 있다고 해요.[9]

내가 알고 있는 것을 기준으로 빨리빨리 선택하게 하는 것은 '시스템 1'이라고 해요. 즉 내가 한번 해봤거나 경험한 것에 대해서는 빨리 선택한다는 것이죠.

그럼 '시스템 2'는 언제 나타날까요? 바로 '시스템 1'이 결정할 수 없는 상황에서 '시스템 2'가 등장해요. 어떤 상황일까요? 내가 경험해 보지 못한 상황, 내게 익숙하지 않은 상황에서 '시스템 2'가 작동하게 되죠. 그런데 평소에는 '시스템 1'만으로도 충분히 선택 가능해요. 왜냐하면 여러분의 일상 패턴은 거의 비슷하기 때문이에요.

그럼, 여기서 잠시 생각해 봐요. 우리는 매일 수많은 정보를 얻고 있어요. 인터넷을 통해서, 유튜브를 통해서, 책을 통해서 또는 사람을 통해서 다양한 정보를 얻고 있죠. 그리고 재미있는 숏폼 콘텐츠, 광고, SNS 게시물까지, 끊임없이 새로운 정보들을 접합니다. 그런데 이 모든 정보를 여러분은 얼마나 꼼꼼하게 따져보고 있나요?

아마 대부분 경우, 우리 뇌의 '시스템 1'이라는 자동모드가 빠르게 정보를 처리하고 판단할 거예요. 마치 학교에서 집으로 오는 길처럼, 눈 감아도 선명하게 떠오를 만큼 매우 익숙한 길을 걷는 것처럼요. 하지만 이렇게 빠르게 결정하는 것이 항상 정확한 것은 아닙니다.

'시스템 2'는 좀 더 느리고 깊이 있는 사고를 담당해요. 복잡한 문제를 해결하거나 새로운 정보를 분석할 때 활성화됩니다. 마치 우리의 모국어인 한국어를 쓰다가 영어로 말해야 할 때처럼 말이죠. 하지만 '시스템 2'는 에너지 소모가 크기 때문에, 우리의 뇌는 가능한 한 '시스템 1'을 사용한다고 해요. 왜냐하면 뇌의 중요한 임무 중 하나는 신체 예산을 잘 관리하는 것이기 때문이에요.[10]

아무 때나 '시스템 2'를 자주 사용하면 힘들고 지칠 뿐만 아니라. 정작 '시스템 2'를 필요로 할 때에 힘을 쏟고 싶은 마음이 없어지는 '자아 고갈'과 '동기 상실'로 이어질 수 있기 때문이죠.[11]

그런데 문제는, 우리의 뇌가 너무 쉽게 '시스템 1'에 의존한다는 점입니다. 특히, 미디어를 소비할 때는 더욱 그렇습니다. 유튜브 추천 영상이나 SNS 게시물을 무심코 클릭하고, 댓글을 읽다 보면 어느새 특정한 생각이나 의견에 휩쓸릴 수 있죠. 특히 학령기 학생들은 '시스템 2'가 아직 발달 중이기 때문에, 미디어 콘텐츠를 접할 때 '시스템 1'에 더 많이 의존하게 되어 콘텐츠의 영향을 더 쉽게 받을 수 있어요.

여기까지 읽으면 '시스템 2'는 쉽게 볼 수 없는 것 같죠? 마치 자주 사용하지 않는 키보드 버튼과도 같다고 할까요? 평소에 자주 누르는 엔터 키, 스페이스 바, 한글과 영문, 숫자, Ctrl 키처럼 익숙하고 자주 누르는 버튼이 '시스템 1'이라면, 평소에 잘 누르지 않고 어디 있는지도 잘 모를 수 있는 PrtScr, Page Up, Home, Win 버튼이 '시스템 2'와 비슷하다고 하면 여러분의 이해에 도움이 될까요? '시스템 2'라고 말한 이런 키들은 평소에는 누를 일이 거의 없죠.

위에서 설명한 것처럼, 우리의 뇌는 '내가 안다고 생각하는 것들',

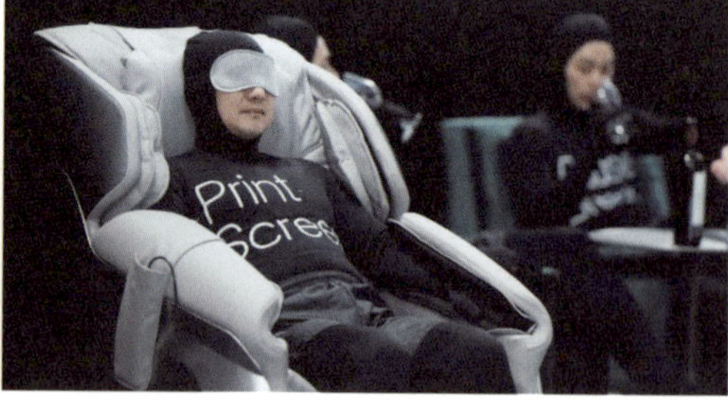

〈그림 11〉 자주 사용되는 키보드 버튼과 그렇지 않은 버튼.[12]

'평소에 자주 하는 것들', '경험을 통해 아는 것들'을 빠르게 선택하도록 '시스템 1'이 우선적으로 작동되고 있어요. 그렇다면 아직 많은 경험이 없는 아기에게 아래의 상황은 어떻게 이해될까요?

〈그림 12〉 경험이 적은 아기[13]

말도 안 된다고 생각할 수 있지만, 저 아이는 엄마라고 인식할 수도 있어요. 이처럼 경험이나 정보, 그리고 지식이 부족하면 누군가의 의도적인 조작이나 왜곡에 쉽게 영향을 받을 수 있다는 점을 기억해야 합니다. 그렇다면 이렇게 빠른 판단을 내리는 '시스템 1'의 작동을 잠시 멈추려면 우리는 무엇을 해야 할까요?

일단 STOP. 그리고 '시스템 2'를 깨워야 합니다. 〈그림 11〉을 보면, 우리가 평소에 자주 쓰는 키보드 버튼들(시스템 1)이 열심히 일할 때, 안마의자에 누워서 느긋하게 쉬고 있는 버튼들(시스템 2)이 있어요. 이제 이 쉬고 있는 버튼들(시스템 2)을 깨워봐야겠어요. 제가 '시스템 2'는 언제 일을 한다고 했죠? 바로 낯선 상황을 마주할 때 일을 시작해요.

그렇기 때문에 우리는 익숙했던 상황들을 낯설게 바라볼 수 있어야 해요. 그러기 위해 저는 여러분에게 호기심을 키워보라고 말하고 싶어요. 호기심을 통해 익숙함이 아닌 낯섦으로 '시스템 2'를 여러 번 등장시켰으면 해요. 왜냐하면, 익숙함은 본인 스스로에게는 편안함을 줄 수 있지만, 때로는 잘못된 선택을 할 수 있는 위험 요소를 가지고 있기 때문이죠. 그래서 익숙함에 빠지지 않도록 주의해야 해요. 익숙하면 정답을 안다고 생각할 수 있어요. 의미를 가르쳐 주는 건 정답이 아니라 질문이에요. 그 질문은 바로 호기심에서 출발하거든요.[14]

그런데, 없던 호기심이 갑자기 생기는 게 아니잖아요? 그래서 호기심이 생길 수 있게 일부러 어색한 상황을 만들어야 해요. 평소와 다르게 행동해 보는 거죠. 예를 들어, 매일 똑같은 길로 집에 온다면, (안전한 범위 내에서) 한 번쯤 다른 길로도 가보는 거예요. 그러면 전에 보지 못했던 풍경이 눈에 들어온답니다.

이처럼 여러분 스스로가 일상생활 속에서 낯설고 어색한 요소를 만들어줘야, 자동적으로 작동하는 '시스템 1'을 멈출 수 있어요. 그런데 단순히 멈춘다고 끝나는 건 아니겠죠? 이 멈춤의 순간, 과연 우리는 무엇을 해야 할까요? 이럴 때 필요한 능력이 있습니다. 그건 바로 이 책의 주제인 '미디어 리터러시'입니다.

미디어 리터러시는 여러분이 보는 것, 듣는 것, 생각하는 것을 이전과 다르게 생각해 보고 비판적으로 바라보는 능력이에요. 이 능력을 잘 사용하기 위해서는 "내가 알고 있는 게 아닐 수도 있어"라는 좀 더 넓은 마음을 가지는 것이 중요해요.

좀 더 구체적으로 설명해 볼게요. '시스템 1'이 너무나도 빠르게 결정하는 그 순간에 여러분 스스로 "타임 아웃TIME OUT"을 외치는 거예요. 농구 경기를 떠올려 보세요. 경기가 빠르게 진행되고 있는 상황에서, 여러분이 응원하는 팀이 계속 실수를 하고 점수를 많이 내주고 있어요. 이때 감독이 해야 할 일은 뭘까요? 바로 이 흐름을 멈추기 위해 "TIME OUT"을 외치는 겁니다. 이는 상대 팀의 흐름도 끊고, 우리 팀의 전략을 다시 점검할 수 있는 시간을 확보하는 거예요.

이처럼 '시스템 1'이 너무 빠르게 반응해 무의식적으로 결정을 내려버릴 때, 잠시 멈추고 다시 생각할 시간을 갖는 것이 중요합니다. 이를 위해 호기심이 작동할 수 있도록 익숙한 것을 일부러 어색하고 낯설게 바라보는 연습이 필요해요. 그럼, 제가 여러분에게 '낯선 상황'에 대해 좀 더 알려줄게요.

슬기로운 사람

위에 쓰어 있는 말은 너무나 평범하죠. 그리고 익숙한 말이라서 집중도 잘되지 않을 것 같죠? 그럼 이렇게 표현하면 어떨까요?

호모 사피엔스

자, 이제 좀 낯설게 느껴지나요? 뭔가 있어 보이고, 뭔가 어려운 단어같이 느껴지죠. 그런데 사실, 두 표현은 비슷한 뜻이에요. '슬기로운 사람'을 라틴어로 말하면 호모 사피엔스가 됩니다. 하지만 표현이 낯설게 바뀌면서 느낌이 완전히 달라지죠? 주로 학문 용어에 라틴어가 자주 사용되는 걸 볼 수 있어요. 그리고 여러분이 흔히 보는 브랜드, 아파트 이름, 메뉴의 이름이 평범하게 보이길 원하지 않을 때, 영어, 프랑스어, 스페인어 또는 라틴어를 사용해서 한 번쯤 더 낯설게 만들어요. 영화 〈두 교황〉에도 이와 비슷한 흥미로운 장면이 나와요.

극 중 프란치스코 교황(당시 추기경)은 베네딕도 교황이 사임을 발

〈그림 13〉 영화 〈두 교황〉 중 한 장면.[15]

표하는 기자회견을 보며 이렇게 말해요. "교황님이 곤란한 말을 할 때면 라틴어로 말씀하신대요." 극 중 대화에서 볼 수 있듯이 누군가의 이해를 어렵게 하거나 집중시킬 때, 일부러 어색하게 만드는 전략을 사용하기도 합니다. 왜 그럴까요? 낯설기 때문에 빠른 대처를 하기가 어렵기 때문이죠. 또는 정확한 이해를 위한 해석의 시간이 필요하게 만들죠.

이제 여러분도 느꼈나요? 평소에 미디어를 통해 알게 되는 수많은 정보를 아무런 검증 없이 선택하고 빠르게 결정하는 '시스템 1'의 판단에 기대면 안 돼요. 더욱이 여러분의 풍부하지 않은 경험과 지식만으로 빠르게 선택하면 잘못된 선택을 할 수도 있고, 때론 틀린 것조차 알지 못할 수 있어요.

세계적인 100미터 달리기 선수들은 총성이 울리고 0.17~0.18초에 출발한다고 해요.[16]

이 선수들은 총성에 맞춰 자동적으로 반응하기 위해 엄청난 노력을 해요. 그리고 좀 더 빠르게 반응할 수 있도록 체계적인 훈련도 하죠. 왜냐하면 출발 시간이 단축될수록 자신의 최고 기록도 갱신할 수 있고, 경기에서 더 좋은 성과를 얻을 수 있기 때문이에요. 하지만 여러분이 선택과 결정을 할 때 100미터 달리기 선수처럼 출발 신호에 맞춰 0.1~0.2초 안에 반응해야 할까요? 아니겠죠. "빠르게 대답한다", "빠르게 결정했다"라는 말에는 뭐가 빠진 걸까요? 바로 '생각과 고민의 시간'이 빠져 있어요.

참고로 저는 말실수를 종종 하는 편이에요. 왜냐하면 저는 누군가와 대화에서 3초 정도 아무런 말이 없는 그 순간을 견디지 못해요. 대화 중 갑자기 조용해지는 그 순간에 저는 그 정적을 깨려고 어떤 말이라도 하게 돼요(제게는 이런 상황이 달리기 출발 신호와 같은 역할을 하는 셈이죠). 그러면서 분위기를 다시 전환해서 즐겁게 만들 수도 있어요. 하지만 안타깝게도 이런 저의 빠른 반응은, 머릿속으로 생각하는 시간을 갖지 못한 상태에서 나오는 경우가 많아서 종종 말실수를 하게 되죠.

그런데 "한 번 내뱉은 말은 주워 담을 수 없다"라는 옛말처럼, 도로 담을 수가 없어요. 의도한 것은 아니지만, 저의 말실수로 인해 누군가가 상처받을 수도 있고, 화가 났을 수도 있어요. 나중에 사과할 수는 있지만, 이미 마음에 생긴 상처까지 모두 없었던 걸로 되진 않죠. 그러니 이런 저의 실수를 기억하시고, 여러분의 판단과 결정의 기본 세팅값인 '자동 선택 모드'에 모든 것을 맡기지 말고, 의도적으로 타임아웃을 외쳐주세요. 그리고 잠시 생각해 보세요. 아주 잠시라도요.

2

0.1초면 충분해,
빨리빨리 진행해

만약 여러분이 ○○기업의 사장님이라면, 아래의 세 사람 중 누구를 직원으로 뽑을 건가요? (정답은 없어요) 마음의 선택은 모두 끝났나요? 그렇다면 왜 선택했는지도 아래에 적어 보세요.

〈그림 14〉 채용 후보자.[17]

미국 프린스턴대학교의 재닌 윌리스Janine Wilis와 알렉산더 토도로프Alexander Todorov교수는 흥미로운 연구 결과를 발표했어요. 첫인상을 결정짓는 데 단 0.1초면 충분하다는 거예요.[18]

더 놀라운 건, 회사 면접이나 소개팅 자리에서도 단 0.1초 만에 상대에 대한 이미지가 결정될 수 있다는 거예요. 여러분도 이런 경험이 있나요?

드라마에서는 이런 상황을 종종 이렇게 표현합니다. 방학을 마치고 개학 첫날, 새로 전학 온 학생이 교실 문을 열고 들어옵니다. 그 순간, 화면은 뽀샤시해지고 꽃가루가 날리며 슬로 모션으로 바뀌죠. 그렇게 0.1초 만에 주인공이 사랑에 빠지는 장면을 보여줘요.

그럼 여기서 잠깐!! 첫 느낌이 여러분의 판단에 얼마나 큰 영향력이 미치는지 확인해 볼까요?

다음 질문에 빠르게 답해 보세요.

[질문 1] 아래의 두 사람 중, 여러분은 누구와 더 친해지고 싶은가요?

A: 성실하고, 약간 고집이 있으며, 가끔 까다로운 사람

B: 가끔 까다롭고, 약간 고집이 있으며, 성실한 사람

여러분은 A와 친해지고 싶나요? 아니면 B와 친해지고 싶나요? 답변했으면, 다음 문제로 넘어갈게요.

이제 손으로 위의 단어를 가려주세요. 그리고 위에서 본 단어들을 생각나는 대로 말해보세요. 많이 기억나나요? 생각보다 많은 게 기억나지 않죠? 그래도 하나 정도는 기억에 남는다면 아마 '커피'일 거예요.

제가 여러분에게 제시한 [질문 1]과 [질문 2]는 초두 효과Primacy Effect를 알아보기 위한 질문이었어요. '초두 효과'는 먼저 받은 정보가 나중에 받은 정보보다 더 중요하게 생각되고 더 오래 기억에 남는다는 거예요. [질문 1]의 경우 A는 '성실하고'를 가장 앞에 배치했고, B는 '가끔 까다롭고'가 먼저 보여요. 이렇듯 배치에 따라 첫인상으로, A와 B는 전혀 다른 결과를 낳게 됩니다. 혹시 눈치챘나요? [질문 1]의 A와 B는 순서만 바꾼 같은 문장입니다.

[질문 2]의 경우도 많은 단어를 기억하지 못하지만, 가장 처음에 나온 '커피'는 기억에 남았을 가능성이 커요. 이처럼 아주 짧은 시간이지만 첫인상이 여러분의 선택에 영향을 줄 수 있다는 걸 체험해 봤어요. 그런데 단지 짧은 시간에 형성된 첫인상만으로 한 사람을 판단하는 건 너무 부정확하지 않을까요? 이미지만으로 '이 사람은 성실하네!' 혹은 '이 사람은 좀 까다로울 것 같은데?'라고 마음의 결정을 내려도 될까요? 그러면 안 되겠죠. 첫인상만으로 누군가를 판단하는 것

은 너무 성급해요. 하지만 문제는 첫인상이 너무 강력해서, 한 번 마음 속에 자리 잡으면 쉽게 변하지 않는다고 해요.[19]

그렇기 때문에 우리는 "내가 알고 있는 게 틀릴 수 있다"라는 겸손한 생각이 필요합니다.

미디어 속에서 이렇게 짧은 시간 안에 강한 첫인상을 줄 수 있는 게 뭐가 있을까요? 바로 영상 제목, 섬네일 이미지, 영상의 시작 부분 같은 것들이에요. 그러면 왜 미디어에서는 강력한 제목과 이미지를 사용할까요? 이것 역시 의도가 있겠죠.^^ 광고 이론에서 소비자(고객)를 설득시키는 데 활용하는 'AIDMA'라는 모델이 있어요. 이 모델은 주의Attention, 관심Interest, 욕구Desire, 기억Memory, 행동Action의 과정을 나타내요. 간단하게 말하면, 어떤 상품을 팔기 위해서는 먼저 소비자(고객)의 '주의'를 끌어야 해요. 그런 후 관심을 유도하고, 그 제품을 갖고 싶도록 만드는 거죠. 그렇게 그 제품을 기억에 남게 한 후 최종적으로 구매(결제)라는 행동으로 이어지게 만드는 겁니다.

그럼, 이 AIDMA 모델에서 첫 단계가 뭐였죠? 바로 '주의 집중 시키기'예요. 그래서 다양한 미디어에서는 여러분의 '주의'를 끌기 위해 자극적인 제목이나 화려한 이미지 그리고 논란과 궁금증을 부르는 요소를 총동원해서 0.1초 만에 강렬한 첫인상을 심어 놓는 거예요.

우리가 앞에서 살펴봤듯이 첫인상은 생각보다 훨씬 큰 힘을 가지고 있죠. 그렇기에 미디어에서 이런 요소들을 마주할 때에도 '한 번 더 생각하기'가 필요해요. 어쩌면 여러분 인생에 있어 매우 중요한 것을 단 0.1초 만에 놓칠 수도 있잖아요? 그리고 그 누구도 0.1초 만에 선

PART 1.

택하라고 강요하지 않았어요. 대부분의 중요한 결정엔 충분한 시간이 주어질 거예요. 그러니 첫인상이 아무리 강렬하더라도 여러분 스스로 "타임 아웃"을 외치고 잠시 멈출 수 있는 연습이 필요해요. 그리고 나서, 나의 행동이 자동 모드로 선택하지는 않았는지, 생각해 봐야 해요.

여러분이 하루에 얼마나 많은 선택을 할까요? 미국 코넬대학교 연구팀은 사람들이 하루 동안 '무엇을 먹을지', '언제 먹을지', '얼마나 먹을지' 등 음식과 관련된 결정을 얼마나 자주 하는지 조사했어요. 그 결과, 하루 음식에 대해 220번 이상의 결정을 내린다고 해요.[20]

생각보다 많죠. 음식 결정에만 이 정도인데, 나머지 행동까지 포함하면 하루 대부분이 선택과 결정의 연속일 거예요. 이렇게 수많은 결정을 여러분은 어떻게 하고 있나요? 옛날 유행어처럼 "그때그때 달라요"라고 말할 수도 있겠죠.^^

하지만, 찰스 스윈돌Charles R. Swindoll 박사는 "인생은 10퍼센트의 사건과 90퍼센트의 반응으로 이루어진다"라고 말했어요.[21]

이 말은, 우리가 살아가며 겪는 상황(10%)은 스스로 통제할 수 없지만, 그 상황을 어떻게 대응하느냐(90%)는 우리의 선택에 달려 있다는 뜻이에요. 결국 우리 삶은 매 순간 어떤 선택과 반응을 하느냐에 따라 달라질 수 있어요. 찰스 스윈돌 박사의 말처럼 우리의 대응이 우리의 삶을 변화시킬 수 있어요. 티모시 옌은 자신의 책『선택의 심리학』첫 페이지에 이렇게 썼어요.

좋은 선택이 좋은 인생을 만든다[22]

　좋은 선택이 좋은 인생을 만든다면, 여러분은 앞으로 어떻게 선택할 것 같나요? 더욱 신중해지겠죠^^ 이렇듯 선택과 그에 따른 행동은 너무나 중요해요. 그런데 우리는 한국인을 대표하는 '빨리빨리 문화'처럼, 빠른 선택과 즉각적인 반응에 익숙해져 있어요. 그래서 일상생활에서는 생각할 틈도 없이 결정하고 행동해야 하는 상황이 많을 수 있죠. 하지만 '빨리빨리'보다는 잠시라도 한 번 더 생각해 보는 시간을 가짐으로써 여러분의 안전을 지킬 수 있다면, 그 잠깐의 멈춤은 꼭 필요해요.

　올림픽에서 보는 100미터 달리기 선수들은 0.1초라도 줄이는 게 중요하지만, 우리의 일상적인 삶에서는 0.1초 줄이는 건 크게 중요하지 않아요. 오히려 생각의 시간이 더 필요해요. 그렇기 때문에 중요한

〈그림 15〉 달릴 준비를 하는 아이들.[23]

결정과 선택을 해야 하는 순간에는 충분한 시간이 주어질 거예요.

〈그림 15〉는 제가 운전 중에 본 아이들의 모습을 AI로 만들어 본 거예요. 여러분이 보기에 이 아이들은 2초 뒤 어떤 행동을 할 것 같나요? 아마 초록 불로 바뀌자마자 달릴 것 같죠? 실제로 이 아이들은 정말 100미터 달리기를 앞둔 선수처럼 출발 준비 자세를 하고 있었어요. 이 모습에 대해 여러분과 좀 더 이야기해 보려고 해요. 분명 초록 불로 바뀌면 길을 건너가는 것이 맞아요. 당연히 초록 불에 건너가야 하죠. 다만 제가 말하고 싶은 건, 여러분의 그 선택을 조금만 늦춰보자는 거예요. 왜냐하면 횡단보도에서의 교통사고는 초록 불일 때도 발생하거든요.

한국도로교통공단이 공개한 2024년 교통사고분석 시스템에 따

〈그림 16〉 우회전 길 사고 뉴스.[24]

르면, 운전자들이 특히 주의를 기울여야 하는 '어린이보호구역 내'에서 어린이 교통사고가 총 526건이 발생했다고 해요.[25]

〈그림 16〉도 이와 관련된 뉴스의 한 장면입니다. 이 뉴스에 이런 멘트가 나와요.

사고의 순간은 정말 짧아요. 하지만 그 사고로 인해 너무나도 무섭고, 아프고, 속상한 일이 생기고, 때로는 남은 여생을 장애인으로 살 수도 있어요. 그렇기 때문에 언제라도 사고를 당할 수 있다는 것을 인지하는 게 중요해요. 그러기 위해서는 조금만 느리게 반응해야 합니다. 그래서 서울특별시교육청과 도로교통공단은 〈그림 17〉처럼 안전 캠페인을 하고 있어요. 이 캠페인 문구에서도 여러분의 안전을 위해 신호가 바뀌자마자 바로 건너지 말고, 주위를 확인하라고 해요.

여러분에게 꼭 말하고 싶어요. 초록 불로 바뀌자마자, 100미터 달리기 선수처럼 0.1~0.2초 만에 횡단보도를 건너가는 게 중요할까요? 여러분의 안전이 더 중요할까요? 당연히 여러분의 안전이 중요하겠죠. 여러분의 안전을 위해 주위를 살피고 천천히 출발해야 하는 것처럼, 미디어를 볼 때 보이는 것에 빠르게 반응하지 말고 미디어의 제작 의도를 살피고, 한 번 더 깊이 생각하는 시간이 필요해요.

제가 미디어 리터러시를 이야기하는 책에서 왜 교통안전을 말하

<그림 17> 횡단보도 안전하게 건너기 캠페인.[26]

는지 아세요? 그 이유는 교통 캠페인과 미디어 리터러시 교육의 목적이 같기 때문이예요. 저는 미디어 환경과 교통 환경이 때론 여러분에게 매우 위험할 수 있다고 생각해요. 하지만 우리가 교통수단을 사용하지 않고 살 수 없듯, 미디어도 일상생활에서 안 쓸 수 없죠. 더욱이 미디어 이용 시간은 점점 늘어나고 있어요.[27] 그러므로 미디어를 안전하게 이용하기 위해서 '평소와 다르게', 그리고 '어색하게'가 필요해요. 왜 그럴까요? 그래야만 멈출 수 있고, 생각할 시간을 확보할 수 있기 때문이에요.

〈그림 18〉 자동차에서 내릴 때 주의할 점.[28]

또 하나의 사례를 볼게요. 〈그림 18〉의 사진을 봐주세요. 자전거 탄 사람이 2~3초 뒤에 어떤 일이 벌어질 것 같나요? 아마도 자동차의 열린 문에 충돌하거나, 충돌을 피하려고 급하게 핸들을 틀었을 수 있어요. 〈그림 18〉처럼 문 열림 사고는 종종 뉴스에서 볼 수 있어요. 이 사고는 자동차에 타고 있던 사람이 미처 뒤를 확인하지 못하고 문을 열었을 때, 지나가던 오토바이나 자전거와 충돌하는 상황이에요. 이러한 문 열림 사고를 막기 위해서 다양한 방법이 제안되었는데, 그중 여러분에게 더치 리치Dutch Reach 캠페인을 소개하려고 해요. 이 캠페인은 익숙한 상황을 어색하게 만들어서 새롭게 바라보게 하려는 의도가 포함되어 있어요.

이 더치 리치 캠페인은 자동차 문을 열 때 평소에 사용하는 손이 아닌 익숙하지 않은 반대 손을 이용해서 문을 열게 하는 겁니다. 운

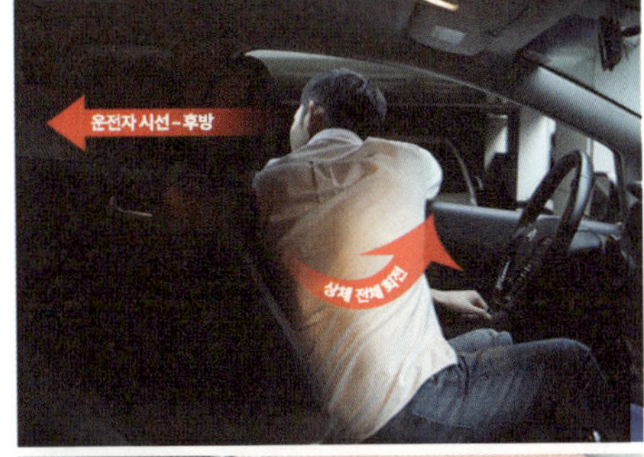

〈그림 19〉 더치 리치 캠페인.[29]

전자의 경우, 평소에는 왼손으로 문을 열지만 더치 리치 방식은 평소에 쓰지 않던 오른손으로 문을 열게 하는 겁니다. 이로써 어색하고 부자연스럽지만, 자연스럽게 허리가 돌아가고 뒤를 한 번 더 볼 수 있는 시간이 만들어집니다.

여러분이 만약 운전석 옆 보조석에 탔다면 평소에는 오른손으로 편하게 문을 열었을 거예요. 하지만 이제는 왼손으로 열어봐요. 어색하고 느리지만, 안전하게 내릴 수 있을 거예요. 글로만 읽어서는 잘 와닿지 않을 수 있어요. 오늘이나 내일, 차에서 내릴 때 꼭!! 한 번 '더치 리치' 방법으로 문을 열어보세요. 분명 새로운 무언가가 보일 거예

1더하기 1은 정말 2가 맞을까?

요.^^ 그리고 안전하게 내릴 수 있을 거예요.

책 『클리어 씽킹』에서는 "결정은 선택과 다르다"라고 말해요. 무턱대고 반응하면 무의식적인 선택을 한 것이고 결정이란 의식적인 사고가 포함된 선택이라고 말합니다.[30]

즉 빠르게 내린 결정은 대체로 무의식에 의한 선택일 가능성이 높아요. 그리고 빠른 선택은 나의 적은 경험이나 익숙한 습관을 바탕으로 결정될 수 있어요. 그렇기 때문에, 조금 어색하더라도 여러분의 안전한 삶과 안전한 미디어 사용을 위해 한 번 더 생각하는 노력이 필요해요. 그렇게 멈춰서 생각하는 순간, 평소에는 보지 못한 것을 볼 수도 있을 거예요. 그러니 오늘부터는 너무나 자연스럽게, 0.1초 만에 빨리 결정해 버리는 무의식의 흐름을 따라갈 것이 아니라 여러분의 안전과 멋진 미래를 위해 어색하더라도 '한 번 더 생각하는 시간'을 가져보는 건 어떨까요?

3

1+1=2가
아닐 수도 있을까?

1 + 1 = ???

이 문제의 정답이 뭘까요? 아마 초등학교 저학년도 쉽게 풀 수 있을 거예요. 간혹 "귀요미"라고 대답할 수도 있겠지만, 이제부터 조금 놀라운 이야기가 시작됩니다. 마음의 준비를 단단히 하세요.^^

우리는 학교에서 1+1=2라고 배웠어요. 그리고 이러한 결과는 너무나 당연하다고 생각할 수 있어요. 하지만 수학자들은 이런 것도 의심했다고 해요.

"정말 1+1=2가 맞을까?"

"만약 아니면 어떡하지?"

실제로 1+1=2가 성립되지 않는 경우들도 있기 때문이죠. 아래 그림처럼 위로 1만큼 올라가는 파동과 아래로 1만큼 내려가는 파동을 더하면 0이 됩니다. 또 수박 1통과 태양 1개를 더하면 정말 2라고 할 수 있을까요?

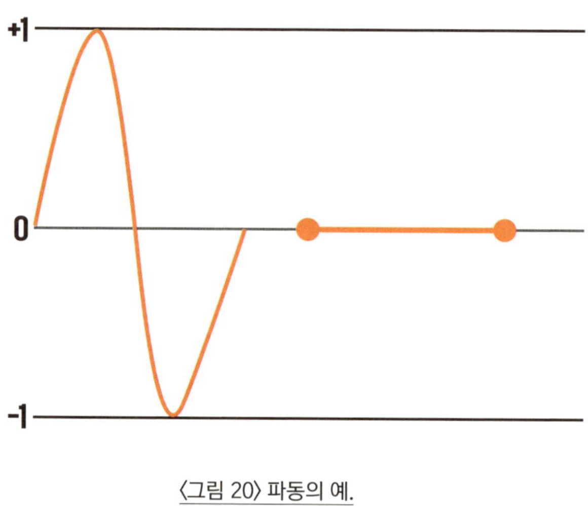

<그림 20> 파동의 예.

그럼 도대체 1 더하기 1의 정답은 뭘까요? 그토록 쉽다고 생각했던 것이 아니라고 하니 갑자기 머리가 아파지나요? 그동안 당연하게 여겼던 것이 아닐 수도 있다는 말에 여러분은 어떤 느낌이 드나요?

수학자인 김상현 고등과학원 교수는 이 상황을 이렇게 설명해 줘요. 그동안 우리는 "1 더하기 1은 2야"라는 식의 주입식 교육을 받았다고 해요. 이것을 좀 더 어려운 말로 공리★라고 해요. 공리는 "너무

PART 1.

〈그림 21〉 수학자의 생각.[31]

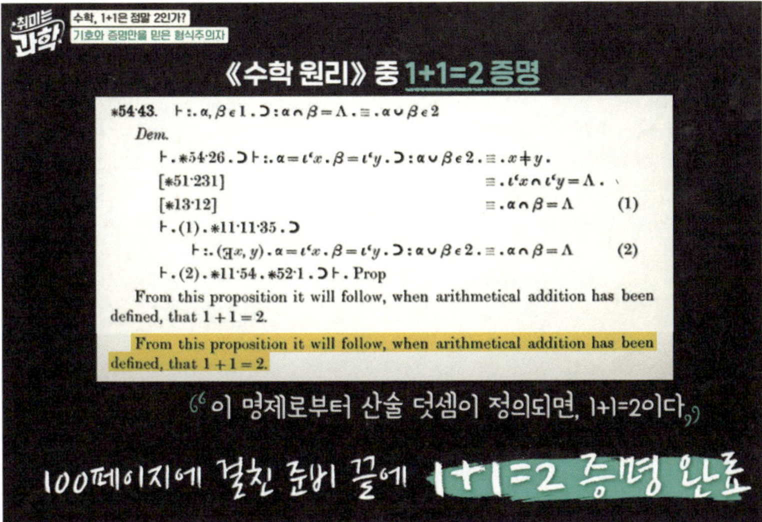

〈그림 22〉 1+1=2 증명 과정.[32]

★　　공리公理: 수학이나 논리학 따위에서 증명이 없이 자명한 진리로 인정되며, 다른 명제를 증명하는 데 전제가 되는 원리.

당연하니까 굳이 증명하지 않아도 돼"라는, 합의된 내용이라는 거예요. 그럼에도 불구하고 1+1=2가 맞다는 것을 수학적으로 증명하기 위해 아주아주 똑똑한 수학자는 100페이지에 걸쳐서 그것이 증명했다고 해요.[33]

〈그림 22〉를 보면 마치 외계어처럼 보이는 문자와 숫자 그리고 각종 기호를 통해서, 여러분이 평소에 쉽게 말하고 풀 수 있었던 1+1=2를 무려 100페이지에 걸쳐서 증명했다고 하니 어떤 생각이 드나요?

이제 1+1=2라는 것이 대단해 보이죠?^^

이렇게 생각하는 것은 과학자나 수학자들이 자주 사용하는 사고 방식입니다. "우리가 알고 있던 것이 과연 맞을까?", "이것에 오류는 없을까?"라고 계속해서 의심하면서, 실험과 증명으로 확인합니다. 이러한 사고에 대해 과학철학자인 이상욱 한양대학교 교수는 "과학의 장점은 겸손한 태도"라고 말하며, 오류의 가능성을 인정하고 수정 해가는 자세가 중요하다고 해요. 또 어떤 중요한 결정의 순간에 정보를 찾고, 비판적으로 검토하는 과학적 태도가 일반인들에게도 필요하다고 말합니다.[34]

즉, 여러분이 너무나도 당연하게 여기는 것들을 과학자나 수학자의 시선으로 다시 바라보길 바랍니다. 그리고 중요한 선택을 할 때는 과학적 태도로 바라보세요. 그렇지 않으면 무슨 일이 생길 수도 있을까요? 나보다 나를 더 잘 알고 있는 '알고리즘'에 의해 끌려갈 수 있어요. 더욱이 기술의 발전으로 알고리즘은 점점 더 정교해지고 있어요. 알고리즘이 여러분에게 최적의 선택을 도와주는 것 같지만, 실제

로는 해당 사이트나 해당 앱에 좀 더 오래 머무르도록 그와 관련된 영
상이나 정보들을 보여줄 가능성이 커요.

유튜브나 틱톡, 릴스 그리고 각종 광고까지 여러분이 관심 갖고 있
는 것들을 신기할 정도로 눈에 잘 띄게 할 거예요. 그러나 문제는, 알
고리즘이 여러분에게 아주 좁은 영역의 정보나, 한쪽으로 치우친 생
각만 할 수 있게 관련 영상들만을 계속해서 보여준다는 겁니다.

미국의 사회심리학자 로버트 자욘스Robert Zajonc는 어떤 대상이
단순히 노출되는 횟수가 많아질수록, 그 대상을 좋아하는 감정이 커
진다고 해요.★

그렇다면 이 이론을 유튜브 콘텐츠에 적용해 보면 어떨까요? 여러
분이 평소에는 관심 없던 주제였어도, 오래 머물게 하려는 알고리즘
의 의도에 의해 자주 보게 된다면 없던 마음도 생기겠죠. 그런데 만약
알고리즘이 거짓(잘못된) 정보를 담은 영상을 계속해서 보여준다면
어떻게 될까요?

처음에는 "에이, 나는 속지 않아", "누가 거기에 속아", "거짓말은
티가 나"처럼 생각할 수 있지만, 반복해서 접하다 보면 어느 순간 친
숙해서 진짜처럼 느껴질 수도 있어요.

정말 그럴까요? 여러분은 어떻게 생각해요? 저는 여러분의 의견
이 궁금해요.^^

★　　　　단순 노출 효과Mere Exposure Effect

여기 거짓말과 관련된 유명한 말들이 있어요.

- 거짓말을 반복하다 보면 결국 진실이 된다
- 많은 사람은 거짓말을 처음에는 부정하고 그다음엔 의심하지만, 되풀이하면 결국에는 믿는다
- 작은 거짓말보다는 큰 거짓말에 많은 사람이 속아 넘어간다
- 99가지의 거짓과 1개의 진실을 적절히 섞으면 100퍼센트 거짓보다 더 큰 효과를 낸다
- 거짓은 한 문장으로 충분하지만, 그것을 반박하려면 수많은 문서와 증거가 필요하다★

위의 말들은 곰곰이 생각해 보세요. 여러분이 생각하기에 위에서 언급한 말들이 정말로 맞을까요?

사례를 통해 좀 더 설명해 볼게요.

〈그림 23〉은 일본 예능 프로그램의 한 장면입니다. 실험에 참가한 엄마는 평소와 다른 화장과 옷을 입고, 실제 아들을 속이기 위해 연기를 합니다. 그리고 아들이 다가오자, 엄마는 모르는 척하며 지나가려고 합니다. 이때 아들은 망설이며 이렇게 묻습니다.

★　대체로 나치 독일의 선전 장관이었던 파울 요제프 괴벨스Joseph Goebbels가 한 말로 인용되지만, 정확하지 않은 정보임. 다만, 거짓에 대한 위험성을 알리고자 인용함.

"엄마 맞지?"

하지만 엄마는 계속 아니라고 말합니다. 이런 상황이 반복되자, 결국 엄마는 화를 내며 "무례하네요"라고 말하며 강력하게 부정합니다. 그러자 아들은 무안해하는 표정을 지으며, 다시 한번 고향을 물어보지만, 엄마는 거짓말로 다른 지역으로 대답합니다. 이러한 엄마의 일관된 거짓말과 진지한 태도에, 결국 아들은 자기 스스로를 의심하기 시작합니다.

"핸드폰이 다르네", "우리 엄마 이런 옷 입지 않는데……" 이런 식으로 스스로 위안을 삼은 뒤 끝내 이렇게 말합니다.

"죄송합니다…… (저희 엄마가 아니시군요)" 그는 결국, 눈앞의 사람이 엄마가 아니라고 믿게 됩니다.

〈그림 23〉 우리 엄마 아니죠?[35]

물론 이것은 일본 예능 프로그램에서 펼쳐진 상황이고, 이 방송 역시 연출된 상황일 수도 있습니다. 그러나 이 영상에는 거짓말을 믿게 하는 핵심 요소들이 잘 반영되어 있어요. 이는 '많은 사람은 거짓말을 처음에는 부정하고 그다음엔 의심하지만, 되풀이하면 결국에는 믿는다'는 것을 보여준거죠. 그런데 이와 같은 실제 사례도 있을까요?

네. 있습니다. 바로 보이스 피싱 범죄입니다.

보이스 피싱 범죄는 시간이 흐름에 따라 진화하고 점점 더 교묘해지고 있어요. 이처럼 보이스 피싱은 반복적인 말과 상황 설정을 통해 결국 거짓을 믿게 하는 범죄예요. 아래 사례는 검사를 사칭하는 경우입니다. 〈그림 24〉는 본인이 검사라고 말하면서, 전화를 끊으면 체포가 된다고 협박하고 있어요. 여러분은 이런 상황을 우습게 생각할 수 있고 또 별거 아니라고 생각할 수도 있겠지만, 진지한 목소리와 몇 가지 근거로 여러분의 이름과 주소, 가족의 정보를 말한다면, 이 상황은 절대로 우습게 생각할 상황이 아닐 거예요.

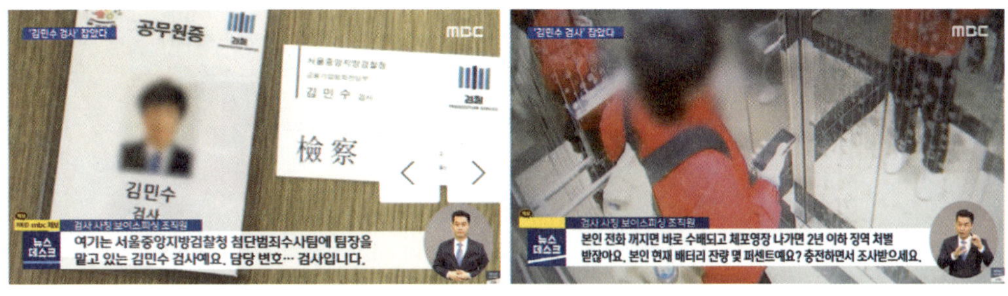

〈그림 24〉 보이스 피싱(검사 사칭)[36]

〈그림 25〉 보이스 피싱(가족 사칭)[37]

두 번째로는 가족을 사칭하는 경우입니다. 카카오톡에 전혀 알지 못하는 번호로 메시지가 들어옵니다. 그 메시지에는 "엄마, 나 액정이 깨져서 친구 폰으로 문자해"라는 내용으로 접근한 후 신분증과 카드 번호를 요구합니다. 그리고 휴대전화에 원격 조정 앱을 설치하게 만든 후 짧은 시간 안에 현금을 인출해 버립니다. 이런 상황이 여러분에게 닥친다면 어떻게 할 것 같나요?

마지막으로 보이스 피싱이 진화해 딥페이크 기술을 활용한 사례

〈그림 26〉 보이스 피싱(딥페이크)[38]

입니다. 〈그림 26〉을 보면 AI 기술이 범죄에 사용된 사례로, 딸의 얼굴을 합성한 영상을 부모님께 보여주면서 현금을 요구한 사건이 발생했는데, 이 역시 경찰이 확인한 결과 딥페이크 영상임이 밝혀졌죠.

위에서 살펴본 다양한 보이스 피싱 사례처럼, 이제는 거짓 정보가 너무 정교해져서 쉽게 알아차리기 어려워졌어요. 또한 기술의 발전으로 거짓 정보도 그럴싸하게 보여주며, 이를 범죄에 활용하는 사례가 늘어나고 있어요. 특히 미디어를 통해 이러한 정보가 반복적으로 노출될 수 있기 때문에 우리는 더욱 주의해야 해요. 왜냐하면 아무리 잘못된 정보라도 자주 접하게 되면, 친숙해져서 진실과 혼동할 가능성이 높아질 수 있기 때문이에요.[39]

이런 현상을 옛 조상들도 알고 있었던 것 같아요. '세 사람이 입을 모아 거짓말을 하면 진짜로 믿게 된다'는 뜻의 고사성어인 '삼인성호 三人成虎'가 대표적인 예입니다.

이 고사성어를 현대적인 시각으로 바꿔 볼게요.

(오전 10시) 친구 A: "너네 아파트 단지에 호랑이가 나타났대!"

여러분: "뻥치지 마~"

(오전 11시) 친구 B: "진짜야! 호랑이를 봤대!"

여러분: "설마? 정말 너네들 왜 그래?"

(오전 12시) 친구 C: "진짜라니까! 뉴스에도 나왔대!"

여러분: 어떡하지? 진짜인가 봐!

앞에서 본 것처럼 '삼인성호'는, 여러 사람이 반복해서 거짓말을 하면 결국 믿게 된다는 뜻이에요. 정리해 보면, 거짓말이 반복되거나, 여러 사람에 의해 전달된다면 진실처럼 받아들여질 가능성이 크죠. 여기에 특별한 상황까지 더해지면 사람들은 더욱 쉽게 속을 수 있어요.

그런데 한 가지 더 중요한 점이 있습니다. 거짓에 쉽게 속게 되는 것은 단순히 기술의 발전만의 문제가 아니라, 우리의 심리적 상태도 큰 역할을 한다는 사실이에요. 예를 들어 코로나-19처럼 언제 끝날지 모르는 재난 상황일 때나 예측할 수 없는 스트레스 상태가 반복될 때, 세 가지의 결핍이 나타난다고 해요. 동기부여 결핍, 인지 결핍 그리고 감정 결핍입니다. 예측할 수 없는 스트레스 상태가 반복될 때, 거짓 정보에 대한 대응이 취약해질 수 있기 때문이에요.[40]

우리의 일상은 대부분 비슷한 패턴을 반복하며, 익숙한 환경 속에서 대체로 예측이 가능한 삶을 살아가는 편이죠. 이럴 때는 뇌의 '시스템 1'이 빠르게 판단을 내리기 때문에 큰 스트레스 없이도 일을 처리할 수 있어요. 그런데 만약 매 순간순간 상황이 달라지고, 결과를 전혀 예측할 수 없는 상태가 반복된다면 어떻게 될까요? 뇌는 '시스템 2'를 자주 작동시키겠죠. 그래서 평소보다 더 많은 에너지를 써야 하기에 피로감이 쌓여서 문제 해결 의욕이 떨어질 거예요. 그래서 댄 애리얼리 교수는, 이렇게 예측이 불가능한 상황이 반복되면 사람들은 점점 진실을 파악하려는 힘을 잃게 된다고 말합니다.

실제로 우리가 겪었던 코로나-19 시기가 그랬죠. 매일 위기 상황을 알리는 정보들이 쏟아지고, 앞으로 어떻게 될지 아무도 예측할 수 없던 그때 말이죠. 지난 2020년에는 전 국민이 코로나 바이러스로 힘든 시기를 보냈잖아요. 이 시기에 〈그림 27〉과 같은 문자가 급속도로 확산되었고, 친구와 가족 그리고 동료들에게 무분별하게 공유가 되었습니다.

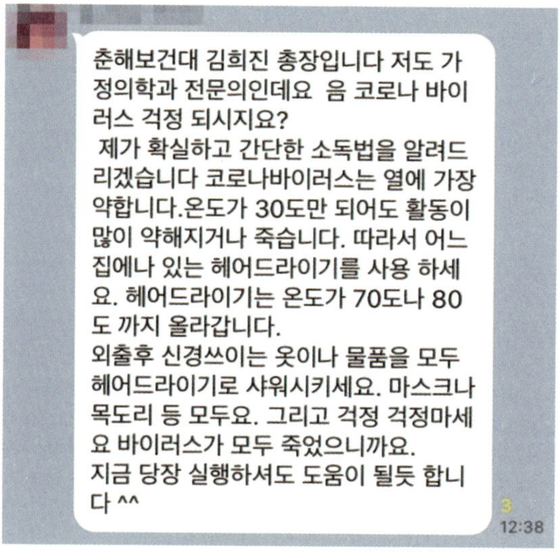

〈그림 27〉 대학 총장을 사칭한 허위 정보.[41]

저도 이 문자를 전달받았습니다. 그런데 확인해 본 결과, 이 문자는 실제로 존재하는 춘해보건대학교 김희진 총장의 이름을 도용한 허위 정보였어요. 이뿐만 아니라, 소금물, 카레, 식초만으로도 코로나 바이러스를 해결할 수 있다는 근거 없는 정보들이 SNS에 넘쳐났어요. 그래서 당시 뉴스에서는 '정보Information'와 '전염병Epidemic'의 합성어인 '인포데믹Infodemic'★이라는 말까지 자주 등장했죠.

그런데 왜 많은 사람이 이런 허위 정보를 믿었을까요? 그 이유를 좀 더 자세히 들여다보면, 몇 가지의 요인을 발견할 수 있어요.

먼저, 춘해보건대를 사칭한 문자에는 실제 존재하는 대학 이름과 총장의 실명이 포함돼 있습니다. 또 과학에 기반한 것처럼 보이는 설명도 들어있습니다. 예를 들어 "온도가 30도만 되어도 활동이 많이 약해지거나 죽습니다", "헤어드라이기 온도가 70도나 80도까지 올라갑니다"와 같은 말을 얼핏 들으면 과학적 근거가 있는 것처럼 보이거나, 전문가의 말처럼 느껴질 수도 있어요. 그리고 무엇보다도, 당시에는 코로나를 치료할 수 있는 명확한 방법이 없었기 때문에, 많은 사람이 이런 허위 정보에 기댈 수밖에 없었을 거예요. 결국 이 문자가 빠르게 전국으로 퍼지자, 춘해보건대학교에서는 〈그림 28〉과 같이 공식 입장문을 발표했습니다.

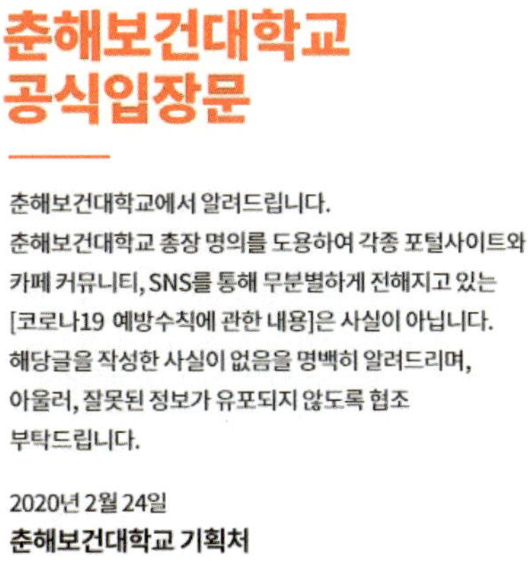

춘해보건대학교 공식입장문

춘해보건대학교에서 알려드립니다.
춘해보건대학교 총장 명의를 도용하여 각종 포털사이트와 카페 커뮤니티, SNS를 통해 무분별하게 전해지고 있는 [코로나19 예방수칙에 관한 내용]은 사실이 아닙니다.
해당글을 작성한 사실이 없음을 명백히 알려드리며,
아울러, 잘못된 정보가 유포되지 않도록 협조 부탁드립니다.

2020년 2월 24일
춘해보건대학교 기획처

〈그림 28〉 허위 정보에 대한 춘해보건대학교의 공식 입장문.[42]

만약, 여러분이 코로나가 매우 심각했던 그 시기에 코로나 바이러스를 극복할 수 있는 정보가 담긴 문자메시지나, 유튜브 영상, SNS 게시물을 봤다면 어떻게 했을 것 같나요? 코로나 상황처럼 예측할 수 없는 스트레스 상태가 반복될 때, 우리는 평소보다 더 쉽게 허위 정보를 믿게 될 수 있다는 점을 기억해야 해요.

그리고 이런 허위 문자의 경우 아래와 같은 문장들을 자주 볼 수 있습니다.

"이 메시지를 가족과 친구들에게 꼭 전달하세요."

"지인들에게 빨리 알려주세요."

"이 사실을 모르면 큰일 납니다. 모두에게 공유하세요."

"주변 사람들에게 꼭 전파해 주세요."

위 문장들의 공통점이 뭘까요? 바로 '타인을 위한 유용한 정보'처럼 보인다는 점이에요. 단순히 나만을 지키자는 게 아니라, "가족과 친구 그리고 지인까지 함께 지키자"는 메시지가 들어있죠. 이처럼 '나를 위한 것'이 아닌 '다른 사람들도 보호하자'라는 메시지가 더 효과적이라고 해요. 그 이유는 인간이 기본적으로 사회적 효용Social utility이라는 내재된 동기를 가지고 있기 때문이에요.[43]

이 말은, '오직 나만을 위한 정보'도 동기부여가 되지만 '다른 사람을 위한 행동'이 훨씬 더 강한 동기를 부여한다는 뜻이에요. 그래서 "당신의 가족을 위해", "지인들을 위해" 같은 문구는 우리로 하여금 훨씬 더 쉽게 정보를 공유하게 만드는 힘이 있어요.

그렇다고 사회적 효용이 반드시 허위 메시지를 확산한다고 단정지을 수는 없습니다. 다만 아무리 좋은 의도로 공유하더라도, 그 정보가 사실인지 한 번쯤 확인해 봐야죠. 그렇다면 이런 상황에서 우리에게 뭐가 필요할까요? 바로 이 이야기의 맨 처음에 했던 질문을 떠올려 보세요.

1 + 1 = 2 정말 당연한 걸까요?

내가 알고 있다고 믿는 것, 자주 봐서 익숙한 것일수록 오히려 비판적으로 다시 생각해 보는 태도가 필요해요. 때로는 과학자와 수학자처럼 타당한 증거와 논리를 따져보는 습관도 중요하죠. 그리고 단순히 누군가가 보내준 자료나 유튜브에 나오는 영상에 의존하는 것보다는 여러분 스스로가 공식적인 기관이나 객관적인 정보, 책과 같은 자료를 통해 한 번 더 확인해 보는 자세가 필요합니다.

또한, 스스로에게 질문하는 습관도 중요해요. 왜냐하면 질문을 통해 문제를 새롭게 바라보고, 더 나은 해결책을 찾을 수 있기 때문이죠. 일본 글로비스 경영대학원에서 펴낸 『크리티컬 씽킹』 책에는 스스로에게 다음과 같은 세 가지 질문을 던져 보라고 권하고 있습니다.

So what?	그래서 어떻다는 것인가? + 무슨 의미지? → 본질을 도출하는 질문
Why?	왜 그럴까? → 원인 혹은 전제조건을 찾아내는 질문
True?	사실일까? → 오류를 확인하는 질문

이처럼 '왜?', '그 의미는?', '사실일까?'라는 질문을 스스로에게 던지다 보면, 지금까지 보이지 않던 문제를 볼 수도 있고, 뜻밖의 사실을 발견할 수 있을 거예요.[44]

하지만 무엇보다 중요한 건, 지식에 대한 겸손함이에요. 내가 알고 있는 게 진실이 아닐 수도 있다는 것을 인정하는 것, 그게 바로 미디어의 올바른 이해를 위한 시작입니다. 왜 그래야 하냐면, 미디어는 당신을 믿게 만들 수 있는 수많은 방법과 기술을 이미 가지고 있으니까요.

4

잘 안다고 생각했는데……
막상 설명하려니 어렵네……

앞에서 '빨리빨리' 선택하면 안 되는 이유와 거짓말의 위험성에 대해 이야기했어요. 그리고 그런 자동 반응을 멈추기 위해서는 스스로 "타임 아웃"을 외치고, '한 번 확인해 볼게'라는 과정을 거치는 게 꼭 필요하다고 설명했어요. 하지만 선택해야 하는 상황에 따라 여러분의 집중도도 달라질 수 있잖아요. 그럼 이런 상황에서는 어떨까요?

〈그림 29〉 아이폰 비밀번호 오류.

앞의 그림은 아이폰에서 비밀번호를 여러 번 틀렸을 때 나오는 메시지입니다. 일정 시간이 지나야 다시 입력할 수 있고, 틀리는 횟수가 많아질수록 기다려야 하는 시간도 '1시간 후', '10시간 후'처럼 점점 더 길어집니다. 여러분이 이런 상황에 처한다면, 급하게 아무 숫자나 누르진 않겠죠? 아마도 "내가 뭘 잘못 알고 있나?", "내가 숫자를 잘못 눌렀나?" 하고 곰곰이 생각하며 올바른 비밀번호를 입력하기 위해 생각에 생각을 할 거예요. 그리고 신중하게 최종 결정을 할 겁니다.

그럼 이 경우는요?

아래 그림은 대학이나 대학원 입학을 위한 첫 단계인 원서 접수 사이트입니다. 대학수학능력시험(수능)을 본 뒤, 학생들은 대체로 3번의 대학 선택 기회를 갖습니다.★

〈그림 30〉 대학, 대학원 입학원서 접수 사이트.[45]

PART 1.

이 상황에서 아무 생각 없이 '빨리빨리' 선택하진 않겠죠? 오랜 시간 자신의 꿈을 위해 노력한 만큼, 가족이나 선생님, 그리고 친구들과 대화를 많이 하고 상의한 후 최종 결정을 내릴 거예요.

그런데 여러분도 알다시피, 선택할 때마다 매번 깊이 있는 고민을 하는 건 현실적으로 어려워요. 매 순간순간을 진지하게 오랜 고민을 한다면 너무 스트레스를 받고 힘들겠죠. 아이폰 잠금 해제나 대학 입시처럼 중요한 순간엔 신중하게 판단하지만, 일상에서는 대부분 빠르게 결정을 내립니다. "오늘은 치킨 먹을래", "오늘은 청바지 입을래"처럼요. 하지만 중요한 건, 중요도에 따른 차이는 있지만 우리는 매일, 매 순간 선택을 하고 있다는 사실이에요.

그래서 선택할 때 무엇보다 중요한 건, 올바른 판단을 위해 정확하고 다양한 정보를 바탕으로 생각하고 말해야 하는 거예요. 그렇다면 '정확한 정보'란 과연 무엇일까요? 먼저, 여러분의 이해를 돕기 위해, 정보가 부족한 상황부터 살펴볼게요.

〈그림 31〉 초코파이 CM송.[46]

★ 산업대학이나 특수목적대학의 경우, 일반 대학과는 다른 모집 방식이 적용할 수 있습니다. 가장 중요한 건 각 대학 홈페이지나 공식 자료를 통해 확인해야 해요.

앞의 그림은 초코파이 광고에 나오는 "말하지 않아도 알아요"라는 곡을 피아노로 연주하는 장면입니다. 그런데 말입니다. 정말, 말하지도 않아도 모두 알 수가 있는 걸까요? 아무 말도 하지 않았는데, 어떻게 그 사람의 생각을 모두 정확히 알 수 있을까요? 예를 들어 ChatGPT 같은 인공지능도 질문이 단 한 글자 또는 .(점) 이라도 입력되어야 대답할 수 있어요. 사례를 통해서 좀 더 이야기해 볼게요.

상황 1)

여러분: 다음 주 토요일이 네 생일이네. 선물로 뭐 받고 싶어?

친구: 내가 뭘 원하는지 알지? ^^

여러분: ???

상황 2)

친구: 나 오늘 진짜 화나는 일이 있었어.

여러분: 왜, 무슨 일이야?

친구: (이래서 저래서……) 나 너무 화났어. 근데 너, 내가 지금 어떤

         기분인지 알지?

여러분: ???

상황 3)

부장: 김 대리, 사장님께 우리가 준비 중인 프로젝트를 보고해야 해.

김 대리: 네. 이번 프로젝트가 너무나도 중요한 거 잘 알고 있습니다.

위 대화들의 공통점은 뭘까요? 상대방이 뭘 원하는지 정확하게 모
른다는 점입니다. 만약 여러분이 위 질문에 대답을 해야 한다면, 어떤
대답을 할 것 같나요? 아마도 추측해서 대답하지 않을까요? 물론, 여
러분이 추측한 것이 맞을 수도 있지만, 상대방이 원하는 것과 다른 것
을 말하거나, 잘못된 방향으로 준비할 가능성이 있어요. 만약, 여러분
이 열심히 준비했지만, 아래와 같은 말을 듣게 된다면, 어떤 기분이 들
까요?

나는 최선을 다해 말하거나 준비했는데, 돌아온 반응은 여러분
을 비난하고 한심스럽게 바라본다면 어떤 기분이 들까요? 이러한 상
황을 만들지 않기 위해서 좀 더 많은 정보를 확보하는 것이 중요해
요. 그리고 뭉뚱그리면서 "뭔 말인지 알지?", "내가 원하는 게 뭔지 알
지?", "딱 보면 어떻게 해야 하는지 알지?"와 같은 말로는 상대방이
원하는 것을 제공하기가 매우 어려워요. 그런데 이런 상황이 실제로
자주 나타나요.

그래서 직장인들 사이에 이런 유행병이 생겨났죠. 그건 바로 '넵

병'입니다. 이 병은 여러 상황에서 나타나는데요, "주로 무슨 말인지 알겠다", "알았으니 그만", "알았어, 네 말이 맞아"와 같이 일단 대답하고 본다는 거예요. 이처럼 '넵병'이라는 유행어에서 알 수 있듯이 우리는 일상생활에서 확인해 볼 시간적 여유도 없이 답을 즉시 해야 하는 상황을 자주 만날 수 있어요.

아래 대화문을 한번 볼까요?

〈그림 32〉 대화.

위 대화를 보면 뭔가 이상하지 않았나요? '적확한'이라는 말이 어색하죠. 제가 오타를 낸 걸까요? '적확하다precise, accurate'는 사전에 있는 표현이에요. 적확하다는 표현은 '정확하게 맞아 조금도 틀리지 않다'는 뜻을 가지고 있어요. 다만, 평소에 자주 쓰지 않다 보니 낯설게 느껴졌을 거예요. 이처럼 생소하거나 익숙하지 않은 정보일수록 그냥 넘어가지 말고 '한 번 확인해 보는' 시도가 필요해요. 이런 과정을 통해 여러분은 보다 정확한 판단을 내릴 수 있어요.

그렇다면 이제 일상 속에서 '정확한 정보'가 왜 중요한지, 좀 더 구체적인 예시로 설명할게요. 화장품을 예로 들어 설명하려고 해요. 본격적인 화장make up을 하기 전에 기초화장을 해야 해요. 이때 사용되는 화장품이 바로 '파운데이션'입니다. 만약 누군가가 여러분에게 "올리브영에 가서 파운데이션 하나 사다 줘"라고 한다면 잘 사 올 수 있을까요? 지금의 이 정보만 가지고는, 아마도 다시 한번 올리브영에 가서 교환할지도 모릅니다. 왜 그럴까요? 정확한 정보 없기 때문입니다.

왜냐하면, 여러분은 얼굴 톤에 따른 '(몇)호'인지 듣지 못했어요. 그리고 어떤 회사 제품인지도 알지 못했고요.

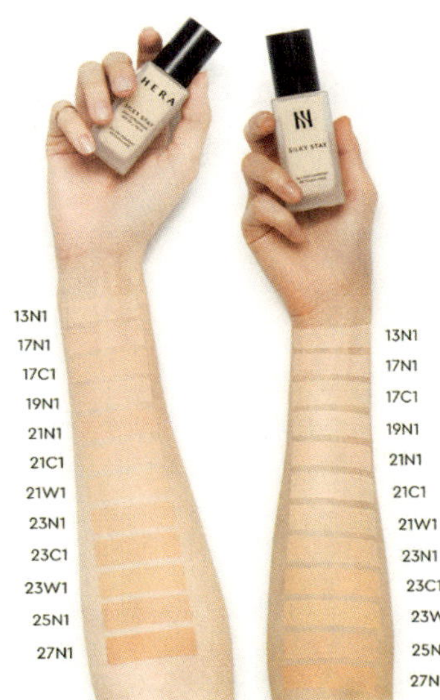

<그림 33> 화장품 파운데이션의 정확한 정보.[47]

그렇기 때문에 여러분은 이렇게 말해야 합니다.

"정확하게, 그리고 구체적으로 알려줘."(물론, 부드럽게 말하는 센스도 필요해요.^^)

참고로 아래처럼 말해주면 여러분은 실수하지 않고 올리브영에 한 번만 다녀오면 됩니다.

올리브영에 가서 ○○ 회사의 파운데이션 21호, 30g 용량 제품 하나 사다 줘

그런데 여기서 한 가지 더 생각해 볼 점이 있어요. 위에서는 정보가 부족할 때 실수할 수 있다고 했지만, 이런 상황도 있어요. 정보가 충분하다고 착각하는 경우입니다. 이에 대해 심리학 교수인 애덤 그랜트는 그의 책 『싱크 어게인THINK AGAIN』에서 이런 자기 착각의 위험성을 '안락의자 쿼터백 증후군'과 '더닝-크루거 효과'를 통해 설명해요.[48]

먼저 '안락의자 쿼터백 증후군'을 소개할게요. 야구를 너무너무 좋아하는 A라는 사람이 있어요. 이 사람은 야구를 너무 좋아하다 보니 어느 순간, 자신이 좋아하는 야구팀의 감독보다 더 야구를 잘 안다고 생각하게 됩니다. 그래서 자신이 응원하는 팀이 지고 있을 때, 이렇게 말하죠. "저 감독보다 내가 하는 게 더 낫겠다."

과연 야구팬인 A라는 사람과 야구 감독 둘 중 누가 더 야구에 대해서 많이 알까요? 당연히 야구 감독이겠죠. 그럼에도 불구하고 A라는

야구팬은 복잡한 경기 흐름, 선수들의 컨디션과 심리상태, 각종 전략 등 감독이 고려해야 할 수많은 요소를 알지 못한 채, 편안한 소파에서 TV 중계를 보면서 쉽게 판단하는 거예요. 이처럼 전문적 지식 없이 자신의 판단을 과신하는 태도를 '안락의자 쿼터백 증후군armchair quarterback syndrome'이라고 해요.

'더닝-크루거 효과Dunning-Kruger effect'는 능력이 부족한 사람이 자신의 능력을 실제보다 더 높게 평가하는 경향을 말해요. 예를 들면, 중간고사 시험 보는 날 아침에 여러분의 친구가 이렇게 말합니다.

"어제 공부 완전 잘 됐어. 거의 마스터했잖아. 오늘 백 점도 가능해.^^"

그런데 시험이 끝난 후 그 친구는 이렇게 말합니다. "분명히 다 안다고 생각했는데 가채점 해보니 거의 다 틀렸어."

이처럼 조금 알게 된 순간, 사람들은 종종 충분히 알고 있다고 착각할 수 있어요. 하지만 이때가 오히려 자기 자신을 객관적으로 보기 어려운 순간일 수 있죠. 그래서 이럴 때일수록 "내가 얼마나 알고 있고, 얼마나 모르고 있는지" 스스로 점검해 보는 태도가 필요해요.

이와 비슷한 심리적 현상으로, 심리학자 레오니드 로젠블릿Leonid Rozenblit와 프랭크 케일Frank Keil은 2002년 논문에서 사람들의 이런 착각을 '설명 깊이의 착각illusion of explanatory depth'이라고 표현했어요. 이는 안다고 생각하지만, 막상 설명하려 하면 말문이 막히는 현상을 말해요.[49]

그래서 우리는 지식에 대한 겸손이 필요해요.

우리는 하루에도 수많은 정보를 미디어를 통해 접하고 있어요. 이런 시대를 흔히 '정보 과잉의 시대'라고 불러요. 게다가 이제는 AI 프로그램을 쉽게 사용할 수 있게 되면서, 정보를 찾는 일은 훨씬 더 간편해졌어요. 그런데 여기서 중요한 질문이 있습니다. 정보가 너무 많을 때, 우리는 무엇을 주의해야 할까요? 바로 '알고 있다'는 착각에 빠지기 쉬워졌다는 점입니다. 우리는 종종 "나 그거 알아", "유튜브에서 봐서 알아"와 같이 쉽게 말하곤 해요. 그런데 정말, 그 내용을 제대로 알고 있는 걸까요? 유발 하라리 교수는 이런 지식의 착각에 대해 이렇게 말해요. "우리는 우리가 꽤 많이 안다고 생각한다. 사실 개인적으로는 아는 게 미미한데도 다른 사람의 머릿속에든 지식을 마치 자신의 것이라고 여기기 때문이다."[50]

그렇다면, 여러분이 진짜 알고 있는지 혹 모르는지 한 번 확인해볼까요? 어떻게 확인할 수 있을까요? 아주 간단해요. 바로 글로 적어보는 거예요. 지금 한 번 해볼까요?

'유튜브'를 모르는 사람을 위해서, 유튜브가 무엇인지 설명해 주세요.

(최소 3줄 정도로 설명해 주세요.)

직접 글로 써 보세요. 저 역시 글로 써보는 과정을 통해서 저의 착각을 직접 확인했어요. 여러분도 잠깐 이 책을 내려놓고, 종이 위에 펜으로 '유튜브가 무엇인지' 직접 적어보세요.

여러분은 많은 정보를 가지고 있어요. 그러나 중요한 건, 그 많은 정보들 중에서 '좋은 정보Good Information'를 가려낼 수 있는 능력이 필요해요. 모든 정보가 다 'Good 정보'가 아닙니다. 알고리즘에 의해 내 눈에 잘 보이는 것이 'Good 정보'일까요? 아니면 유명 유튜버가 말하는 것이 'Good 정보'일까요? 이 질문에 대답을 여러분 스스로 찾아봤으면 좋겠어요.

세상에는 두 가지 지식이 있다고 해요. 첫째는 '내가 알고 있다는 느낌은 있는데 설명할 수는 없는 지식', 둘째는 '내가 알고 있다는 느낌뿐만 아니라 남들에게 설명할 수도 있는 지식'이에요. 이 중에서 여러분이 실제로 쓸 수 있는 지식, 그리고 정말 필요한 지식은 두 번째 지식이에요. 이제 여러분 스스로에게 물어보세요.

"나는 정말 알고 있는 걸까? 아니면, 안다고 믿고 싶은 걸까?"

1더하기 1은 정말 2가 맞을까?

PART 2

희한하네,
근데 나도
경험해 봤어!

5

왜 내 감정은
빨리빨리 변하는 걸까?

여러분은 '감정'이 뭐라고 생각해요? 한 번 적어볼까요?

감정이란? ____

우리는 평소에 다양한 감정을 느끼고, 감정이라는 말도 자연스럽게 쓰고 있어요. 그런데 막상 "감정이란 무엇인가요?"라고 물으면 대답하기가 쉽지 않죠. 익숙하다고 생각했던 단어를 막상 설명하려고 하면 어렵게 느껴질 경우가 많아요. 지금처럼 감정에 대해 직접 써보는 것은 내가 '안다고 느끼는 것'을 실제로 얼마나 알고 있는지 확인할 수 있는 좋은 방법이에요. 더 나아가 자연스러운 문장을 만들기 위해 논리적인 구조를 가진다면 더 좋겠죠.

그럼 먼저, 우리 '감정의 정의'를 알아볼까요? 좀 더 넓은 개념에서 확인하고자 일반적인 사전이 아닌, 어원과 역사를 살펴볼 수 있는 옥스퍼드 영어사전Oxford English Dictionary, OED으로 알아보려고 해요. 이 사전에서는 '감정'을 어떻게 정의하고 있냐면,

감정	처음에는 '마음의 동요' 또는 '흥분된 정신 상태'를 의미했습니다. 이후에는, 특히 자신의 상황, 기분 또는 타인과의 관계에서 비롯되는 쾌락, 슬픔, 희망, 두려움 등과 같은 (강력한) 정신적 또는 본능적인 느낌을 뜻합니다.
Originally	an agitation of mind; an excited mental state. **Subsequently**: any strong mental or instinctive feeling, as pleasure, grief, hope, fear, etc., deriving esp. from one's circumstances, mood, or relationship with others.

제가 여러분에게 사전적 의미를 먼저 보여 주는 이유는 단순해요. 여러분이 무언가 궁금하거나 알고 싶을 때 바로 네이버나 ChatGPT에게 물어보지 말고, 그보다 먼저 사전에서 정확한 뜻을 확인해 보는 습관을 들이길 추천하고 싶어요. 그리고 사전에 나오는 뜻 역시, 오래 전에 정해진 고정된 표현이 아닌, 시대에 따라 계속 변하고 있다는 사실을 알려주고 싶었어요. 그래서 사전에서 여러분이 알고 싶은 단어를 검색하다 보면, 여러분이 알고 있던 뜻과 다른 의미를 발견하는 즐

거움을 느낄 때도 있을 거예요.

그럼 여기서 질문!

감정에는 몇 가지가 있을까요? '기쁨', '슬픔'처럼 써보면서 말해 봐요.

몇 개까지 적었나요? 혹시 영화 〈인사이드 아웃〉을 아시나요? 이 책의 앞부분에서도 잠깐 언급했죠. 영화 〈인사이드 아웃〉 1편에는 11살 라일리 앤더슨의 다섯 가지 감정들이 나와요. 기쁨이Joy, 슬픔이Sadness, 버럭이Anger, 까칠이Disgust, 소심이Fear가 등장하죠. 그럼, 일단 다섯 개의 감정은 알았어요. 그리고 또 어떤 감정이 있을까요? 〈인사이드 아웃 2〉에서는 불안이Anxiety, 부럽이Envy, 당황이Embarrassment 그리고 따분이Ennu가 새롭게 등장해요.

그런데 여러분, 이런 사실을 알고 있나요? 감정 연구의 대표적 학자인 폴 에크만의 연구에 따르면 '혐오(역겨움)'와 '경멸'도 감정이라고 해요. 예를 들어 혐오(역겨움)는 상한 음식을 먹었을 때처럼 신체적 거부감이 들 때 느낄 수 있지만, 누군가가 도덕적으로 잘못된 행위를 저지를 때도 느낄 수 있는 감정이에요. 경멸은 힘이나 지위를 내세우는 것으로 '내가 너보다 낫다' 식의 감정이라고 해요.[51] 그렇다면 우리가 느끼는 감정은 언제, 어떻게 나타나는 걸까요?

영화 〈인사이드 아웃〉에서는, 우리의 머릿속에 있는 '감정 컨트롤 본부'에 의해 감정이 결정된다고 해요. 기쁨이, 슬픔이, 버럭이, 까칠이, 소심이가 주인공 라일리의 머릿속에서 서로 버튼을 누르면서 라일리의 행동과 반응을 조정하잖아요. 그런데 한 번 상상해 보세요. 여러분의 머릿속에 있는 감정 컨트롤 본부 말고, 감정을 조정하는 것이 또 있다면요? 그건 바로 '미디어'일 거예요. 미디어는 여러분의 감정에 영향을 줄 수 있어요. 그럼, 미디어가 감정에 어떤 영향을 주는지 사례를 통해 알아봐요.

먼저 기부 및 후원단체인 유니세프의 캠페인입니다. 이 영상은 슬픈 음악과 함께 안타까운 상황을 보여주며, 낮은 목소리로 이 아이의 안타까운 상황을 자세히 설명해 줍니다. 여러분이 이 영상을 보면 어떤 감정이 들까요?

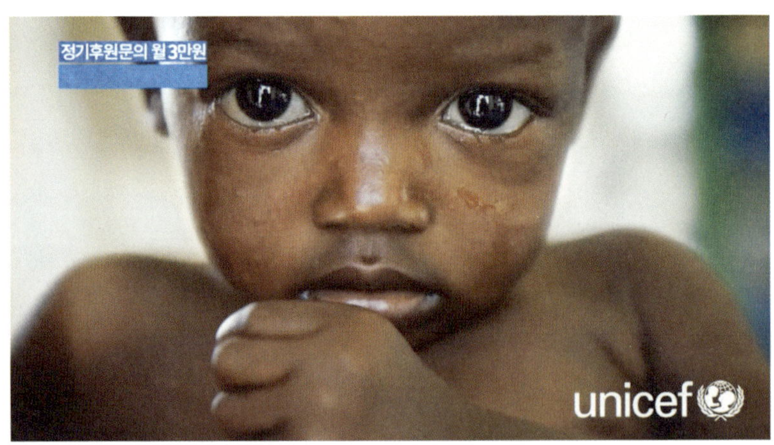

〈그림 34〉 유니세프 캠페인 화면.[52]

두 번째 영상은 지난 2020년 도쿄 올림픽에서 펜싱 남자 단체전에서 금메달이 확정된 순간입니다. 선수들은 환호하고 이 방송을 중계하는 캐스터와 전문가 역시 흥분된 목소리로 이 순간을 시청자들에게 전달하고 있습니다. 여러분은 이 영상을 볼 때 어떤 감정이 들까요?

〈그림 35〉 올림픽 금메달 장면.[53]

세 번째 영상은 푸바오에 관한 영상입니다. 여러분은 자이언트 판다 푸바오를 좋아했나요? 2024년 4월 3일 푸바오는 중국으로 떠났어요. 그날은 비가 많이 내렸지만, 수많은 팬들이 한국에서의 마지막 작별 인사를 하기 위해 에버랜드에 모였습니다. 이렇게 많은 사람의 사랑을 받았던 푸바오가 중국에서 잘 지내지 못한다는 소식을 뉴스에서 보게 된다면, 푸바오를 사랑하는 팬들은 어떤 감정을 느끼게 될까요?

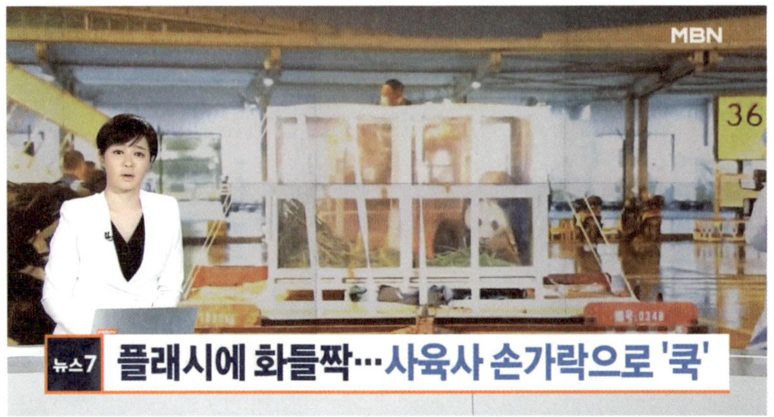

<그림 36> 중국으로 떠난 푸바오 뉴스.[54]

<그림 37> 2020년 12월 25일 뉴스(코로나 감염 최대 규모 보도).[55]

네 번째 영상은 2020년 12월 25일 뉴스의 한 장면입니다. 이날은 코로나19 신규 감염자가 역대 최대 규모를 기록한 날이었고, 이 점을 강조하면서 뉴스를 시작합니다. 이어지는 보도에서는 코로나 확진 현

황과 추세 그리고 사망자까지 알려주며, 코로나의 심각성을 알려줍니다. 또한, 현장 중계를 통해 임시 선별검사소를 보여주며, 전문가가 부연 설명을 해줍니다. 여러분은 이 영상을 보면 어떤 감정이 생길까요?

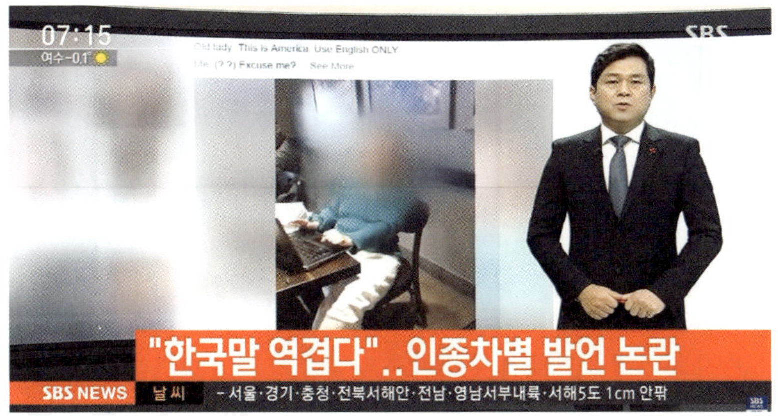

〈그림 38〉 인종차별 뉴스.[56]

다섯 번째 영상은 해외에 있는 한국인이 인종차별을 받았다는 내용의 뉴스입니다. 이 뉴스는 미국에 거주하는 한국 유학생들이 카페에서 한국말로 대화하자, 한 미국 여성이 "한국말 듣는 거 역겨워"라고 말한 상황을 전하고 있어요. 이 뉴스에는 당시 현장에서 촬영된 실제 영상도 함께 보여줍니다.

위에서 제시한 다섯 가지 사례를 보면서 여러분은 어떤 감정을 느

희한하네, 근데 나도 경험해 봤어!

끼셨나요? 아마도 각각의 사례에서 서로 다른 감정을 느꼈을 거라 생각해요. 앞에서 살펴본 감정의 사전적 정의에 따르면, 감정은 상황, 기분, 타인과의 관계 등에서 비롯된다고 했어요. 그런데 영상이나 이미지 같은 시각적 자극도 충분히 '하나의 상황'이 될 수 있어요. 즉, 영상을 보는 것만으로도 강한 감정을 느낄 수 있다는 뜻이죠.

우리는 하루에 6,200번의 생각(뇌 활동)을 한다고 해요.★ 이러한 뇌의 활동은 우리의 감정과도 깊이 연결되어 있어요. 영국의 심리학자 엠마 헵번은 자신의 저서 『감정의 이해』에서, 전통적 관점에서는 생각이 감정을 유발한다고 보았지만, 실제로는 감정과 생각이 서로 영향을 주고받는 양방향 관계라고 설명합니다.[57] 이처럼 감정과 생각이 서로에게 영향을 준다는 점에서, 미디어는 단순히 정보를 전달하는 데 그치지 않고 우리의 감정과 생각에도 영향을 줄 수 있다는 것에 주목해야 해요. 그래서 우리는 단순히 '무엇을 봤는가'에 그치지 않고, '그걸 보면서 어떤 감정을 느꼈는가'까지도 함께 살펴봐야 합니다.

독일의 신경마케팅 전문가 한스 게오르크 호이젤은 자신의 저서 『이모션』에서 "감정은 우리에게 중요한 것과 의미 있는 것을 알려주는 '중요도 탐지기'라고 말합니다."[58] 그는 감정이 우리의 선택과 행동에 직접적인 영향을 주기 때문에 감정을 이해하는 것이 마케팅에서

★ 과학자들은 뇌 스캐너를 이용해 뇌의 활동(생각의 내용)이 눈에 띄게 변화하는 순간을 생각 벌레thought worms라고 부르며 그 움직임을 측정한 결과 6,200번의 움직임을 확인했어요.

PART 2.

매우 중요하다고 강조해요.

원래 감정은 생존을 위한 본능적인 반응이었지만, 오늘날에는 미디어와 광고, 마케팅 같은 요소들이 그 '중요도 탐지기'를 의도적으로 자극하면서 우리의 감정에 큰 영향을 미치기도 합니다. 이제 여러분은 자신의 감정을 잘 돌보는 법을 배워야 해요. 그리고 그 감정에 조용히 귀 기울여 보세요. 그런 다음, 자신에게 이렇게 물어보는 거예요.

"지금 내가 느끼는 이 감정은, 정말 내가 처한 상황 때문일까? 아니면 미디어에 의해 만들어진 감정일까?"

6

희한하게
침이 고이네!

여러분이 저녁에 TV를 켰다고 상상해 보세요. 우연히 돌린 채널에서 맛집 프로그램이 나오고 있어요. 화면에는 음식이 갓 나왔는지 김이 모락모락 피어오르고, 곧이어 사람들이 정말 맛있게 먹는 장면이 나옵니다. 후루룩~~ 하는 소리까지 생생하게 들려줍니다.

그런데 그 음식이 여러분이 평소에 좋아하는 음식이라면 어떨 것 같아요? 게다가 마침 배도 엄청 고픈 상태라면요? 아마 침을 꼴깍꼴깍 삼키면서 먹고 싶다는 생각이 더 커지겠죠. 결국 참지 못하고 배달 앱을 켜서 주문 버튼을 누를지도 몰라요.^^ 이처럼 미디어는 실제 자극이 없더라도, 시각과 청각을 통해 우리의 감각을 자극하고, 실제 행동으로 이어지게 만들 수 있어요. 한 번 확인해 볼까요?

〈그림 39〉 레몬을 먹는 유튜버.[59]

저는 레몬을 못 먹어요. 그래서 〈그림 39〉와 같이 레몬을 통째로 먹는다는 건 상상할 수 없는 일이죠. 그런데 해당 영상을 보면, 제 입에서 침이 나오고 '아우 셔~'라는 느낌으로 눈까지 찌푸리게 되네요. 여러분도 비슷한 경험이 있지 않나요? 영상 속에 좋아하는 음식이나 혹은 싫어하는 음식이 나오면, 몸이 저절로 반응하지 않나요?

이번 영상은 한 여성이 수영복 차림으로 난간에서 쌓인 눈 속으로 다이빙을 합니다. 얼마나 눈이 많이 쌓였는지 그녀의 다리가 완전히 눈 속에 파묻힌 후 부들부들 떨면서 나옵니다. 피부가 빨갛게 변해버린 이 여성은 연신 "OH MY GOD"을 외치면서 황급히 집 안으로 뛰어 들어가요. 이 장면을 감각적으로만 본다면 여러분의 어떤 감각이 반응할 것 같나요? 또 이 영상을 아주아주 더운 한여름에 본다면 어떤 느낌이 들까요?

<그림 40> 눈 다이빙.[60]

<그림 41> 맛있게 보이는 모형 식품들.[61]

위 <그림 41>은 다양한 음식이 예쁘게 나온 사진입니다. 이런 사진은 어디에서 주로 볼 수 있을까요? 광고나 음식점 앞에서 봤을 거예요. 참고로 이것은 광고를 위한 모형 식품으로 실제 먹을 수는 없습니

다. 그럼, 이렇게 먹음직스럽게 보이기 위해서 어떤 과정을 거쳤을까요? 일단 여러분의 선택을 받기 위해서는 좀 더 먹음직스럽게 보여야 해요. 이 영상에서는 통닭에 구두 광택제를 발라 오븐에서 맛있게 구워진 상태를 연출했어요. 커피에는 액체비누를 넣어서 거품을 만들었고요. 그리고 얼음 위에 놓여있는 새우 사진은 아기들이 사용하는 기저귀 안에 든 흡수제 알갱이들을 물에 불려 얼음 대신 사용했어요. 마지막으로 치즈가 흘러내리는 빵의 모습은, 빵 안에 투명한 호스를 삽입해 주사기로 노란색 물질이 나오도록 해서 촬영했어요. 먹을 수 없는 음식이지만, 보기에는 매우 맛있게 보이는 거죠. 이렇게 여러분의 감각을 자극하기 위해 연출한 영상과 사진은 유튜브나 틱톡, SNS 그리고 광고에서 자주 볼 수 있어요. 여러분은 속을 수 있습니다.

다음은 제가 강연에서 자주 사용하는 영상 자료입니다.

〈그림 42〉 잘 들어보세요.[62]

이 영상에는 〈그림 42〉처럼 지하주차장에 어떤 자동차가 굉음을 내며 올라오는 듯한 소리가 들립니다. 엄청난 엔진을 가진 차량이 내는 소리로 느껴집니다. 우와와왕~ 우와와왕~ 이런 소리가 점점 더 가까이 들립니다. 이 때 저는 영상을 멈추고 학생들에게 물어봅니다. "지하주차장에서 뭐가 올라오고 있는 것 같아요?" 이때 학생들은 차가 올라오는 것 같다고 말해요. 저는 또다시 질문합니다. "이런 우렁찬 엔진 소리라면 어떤 차일 것 같나요?" 그러면 학생들이 이렇게 말합니다. "람보르기니요", "포르쉐요" 등 각종 스포츠카와 해외 유명 자동차 브랜드를 말합니다. 그리고 나서 다시 영상을 보여줍니다. 드디어 차량이 올라옵니다.

〈그림 43〉 지하주차장에서 올라오는 트롬본 소리.

이 소리의 정체는 멋진 스포츠카가 아닌 트롬본 소리였습니다. 이 트롬본 악기 소리가 마치 자동차 또는 오토바이 엔진 소리처럼 들려요. 좀 더 화질이 좋은 영상 화면으로 다시 확인해 볼게요. 〈그림 44〉의 섬네일에는 "트롬본에서 오토바이 소리가?"라고 적혀 있어요. 해당 영상에는 한 트롬본 연주자가 사람들이 예상하지 못한 소리를 내자, 주변 사람들은 손뼉을 치며 신기해합니다. 이처럼 우리가 당연하게 생각하는 소리도 실제와 다를 수 있어요. 그래서 들리는 것조차도 한 번 더 생각해 볼 필요가 있어요.

〈그림 44〉 트롬본으로 오토바이 소리내기.[63]

이제 남은 감각이 뭐가 있을까요? 일반적으로 '오감'이라고 말하는데, 아직 안 나온 감각이 하나 있습니다. 맞아요. 후각입니다.

〈그림 45〉 향기로운 냄새를 표현한 섬유유연제 광고의 한 장면.[64]

희한하네, 근데 나도 경험해 봤어!

〈그림 45〉는 세탁기로 빨래를 할 때 사용하는 섬유유연제 광고의 한 장면입니다. 영상에는 바람이 부는 듯한 효과와 함께 향기로운 향이 퍼져 나가는 장면을 시각적으로 표현했어요. 그리고 광고 모델이 지그시 눈을 감고 그 향기를 맡고 있는 모습을 보여 줍니다. 실제로 우리는 이 광고를 보면서 직접 냄새를 맡은 건 아니지만, '향기롭다'는 감각을 자연스럽게 떠올릴 수 있습니다. 또 다른 사례도 볼까요?

〈그림 46〉 삭힌 홍어 냄새를 맡고 있는 이탈리아 사람.[65]

이번에는 엄청난 냄새로 유명한 '삭힌 홍어'입니다. 〈그림 46〉은 방송인이 알베르토의 이탈리아 친구가 삭힌 홍어 냄새를 맡는 장면입니다. 이 영상에는 삭힌 홍어에서 나는 고약한 냄새를 표현하는 그래픽과 함께 방송인 김준현 씨의 걱정스러운 표정이 담겨 있어요. 여러분은 '삭힌 홍어'의 냄새를 맡아본 적 있나요? 만약 이 냄새를 알고 있다면, 이 영상을 보는 것만으로도 저절로 눈살이 찌푸려지거나 고개를 저을 수 있어요. 왜 그럴까요? 그건 바로 여러분이 경험해 봤기 때문입니다. 이렇게 다양한 사례를 통해 여러분이 직접 맛보지 않고도, 직접 냄새를 맡지 않아도 감각을 느낄 수 있다는 걸 알 수 있어요.

그럼, 여기서 질문해 볼게요. 위에서 설명한 것처럼 오직 영상을 통해서만 오감을 느낄 수 있을까요? 혹시 책을 읽다가, 특정 냄새를 묘사한 구절에서, 실제로 냄새가 나는 것 같은 느낌을 받은 적 있나요? 또는 사진 속 음식을 보는 순간, 맛있는 냄새가 떠오르거나 군침이 돌았던 경험은요? 심지어 글을 읽다가, 마치 소리가 들리는 것 같은 느낌을 받은 적은 없나요? 신기하지만 이런 경험은 가능해요. 이것을 '감각적 이미지'라고 합니다.

'감각적 이미지'는 우리가 가진 오감을 자극하는 표현이에요. 그래서 시나 소설 속에 감각을 일깨우는 문장이나 이미지가 나오면, 실제로는 보이지 않아도 눈앞에 그려지고, 냄새를 맡지 않아도 느껴지고, 듣지 않아도 소리를 떠올릴 수 있어요. 이런 감각적 이미지를 통해 글이 더 살아 움직이고, 독자의 마음에 더 와닿게 됩니다. 그리고 감각적 이미지는 각자의 경험에 따라 다르게 받아들여져요.[66] 왜냐하면 사람마다 서로 다른 경험을 가지고 있기 때문이에요. 같은 글을 읽어도 사람마다 느끼는 감정이나 떠올리는 장면이 다른 이유가 바로 여기에 있습니다.

그런데 우리의 감각은 항상 따로따로 작동할까요? 시각만 따로,

청각만 따로 느껴질까요? 물론 하나의 감각만으로도 반응할 수 있지만, 감각은 서로 연결되어 함께 작동하는 경우가 많아요. 이걸 '감각 간 연합cross-modal association'이라고 해요. '감각 간 연합'이란, 서로 다른 감각 자극이 뇌의 특정 영역에서 연합되고 통합되어 하나의 지각 경험으로 작동하는 현상이에요.[67] 그럼 이제, '감각 간 연합'이 어떻게 나타나는지 확인해 볼까요?

〈그림 47〉을 보면 어떤 감각들이 함께 작동되는 것 같나요?

〈그림 47〉 얼음이 담긴 컵에 붓는 차가운 콜라.[68]

일단 콜라와 얼음이 보이는 장면만 봐도 시원함이 시각적으로 전달되죠. 여러분도 알다시피 콜라를 컵에 따를 때 엄청난 탄산과 거품이 올라와요. 이때 들리는 청량한 소리까지 상상되지 않나요? 이처럼 우리의 뇌는 시각, 청각, 촉각 정보를 함께 엮어서 하나의 감각처럼 느끼게 합니다. 바로 이게 '감각 간 연합'이에요.

그렇다면 이제, 감각에 대해 다 말한 걸까요? 네. 일반적으로 말하는 오감인 시각, 청각, 후각, 촉각, 미각에 대해서 다 말했어요. 그런데 왠지 뭔가 하나 빠진 것 같지 않나요? 어디선가 들어본 것 같고, 영화 제목으로도 나왔던 그거 말이에요.

네. 맞아요. 아직 과학적으로 '감각'으로 분류되지는 않았지만, 많은 사람이 일상에서 자주 이야기하는 감각이 하나 더 있습니다. 그건 바로 '직감'입니다. 흔히 'The sixth sense'라고도 하고 '여섯 번째 감각'이라고도 불러요. 이러한 직감the sixth sense은 순간적으로 어떤 느낌을 받아 빠르게 판단을 내리게 만드는, 강력한 심리적 작용으로 알려져 있어요.

책 『우리가 운명이라고 불렀던 것들』에서는 회사의 직원 채용을 담당하는 인사 담당자들의 판단은 지원자를 처음 만나는 15초 안에 이미 어느 정도 판단을 내린다고 소개해요. 또 악수 한 번만으로도 상대에 대한 인상이 결정될 수 있다고 해요.[69] 뿐만 아니라, 이성에 대한 호감 여부를 인식하는 데 걸리는 시간도 0.2초 안에 가능하다고 합니다.[70] 그러니 "첫눈에 반했어요"라는 말이 과장은 아닌 것 같죠.^^

이처럼 직감은 빠르게 반응하고 결정을 내리는 데 도움을 주는 심리적인 감각이라고 할 수 있어요. 특히 즉각적인 판단이 필요한 순간에는 큰 도움이 되겠지만, 신중하게 선택해야 할 때는 이러한 직감이 객관적이지 못할 수 있습니다.

예를 들어, 사람을 처음 만났을 때 직감적으로 빠르게 판단하는 것은 무의식적으로 '나와 잘 맞을 것 같다'는 느낌 때문이라고 해요.[71] 이는 우리가 무의식적으로 나와 비슷한 의견, 성격, 배경을 가진 사람에게 호감을 느끼게 된다는 의미죠.[72] 그렇기 때문에 우리는 자신의 경험이나 데이터에 과도하게 기대고 있지는 않은지 점검할 필요가 있어요.[73] 결국 직감은 내가 살아온 경험과 배경에 영향을 받기 때문에, 매우 좁은 나만의 관점이라는 한계가 있습니다.

하지만 직감이 중요한 역할을 할 때도 있어요. 예를 들어, 범인을 검거할 때 형사의 직감, 응급 상황에서의 의사의 직감, 경기에서 어떤 행동을 결정할 때의 운동선수의 직감처럼, 오랜 시간 쌓아온 경험과 반복된 훈련을 바탕으로 한 직감은 특정 분야에서 신뢰할 수 있는 판단 도구가 되기도 해요. 그러나 미디어를 통해 얻게 된 단편적인 경험만으로 생기는 직감은 주의해야 합니다. 더욱이 사회 변화의 속도가 점점 더 빨라지고 있어서, 경험의 영향을 크게 받는 직관의 신뢰도 역시 점점 더 떨어질 수밖에 없어요.[74]

저는 앞 장과 이번 장을 통해 여러분이 미디어를 통해 느껴지는 감정과 감각에 주의를 기울여야 한다는 것을 알려주고 싶었어요. 왜냐하면 뇌 과학에 따르면, 우리가 느끼는 감각들은 순전히 머릿속에서 만들어진 것이며, 뇌의 예측 결과라고 해요.[75] 하지만 뇌에서 내려진 예측은 과거 경험에 바탕을 두기 때문에 항상 맞는 것은 아닙니다. 더욱이 빠르게 발전하는 미디어 기술로 인해 여러분은 이전에 경험하지 못한 상황들을 자주 마주하게 될 거니까요. 그렇게 되면, 과거 경험의 비중이 높은 뇌의 예측은 새로운 상황에서는 잘 맞지 않을 수도 있을 거예요.

또한 미디어에서 보이는 영상을 보고 '분노'의 감정이 들었다면, 잠시 멈추고 생각해 봐야 해요. 그리고 그 감정이 어디서 비롯된 것인지 확인해 봐야 해요. 왜냐하면 우리의 뇌는 긍정적인 감정보다 부정적인 감정에 더 민감하기에 분노와 슬픔을 더 강하게 인식하기 때문이에요.[76]

게다가, 감정이 어떻게 전달되는지도 중요해요. 심리학 교수인 앨버트 메라비안은, 감정이 담긴 메시지를 전달할 때, 말의 내용보다 목소리의 억양, 표정, 몸짓 같은 비언어적 요소가 더 큰 영향을 미친다고 설명해요.★ 이러한 관점을 미디어에 적용해 본다면, 미디어에 담긴 이

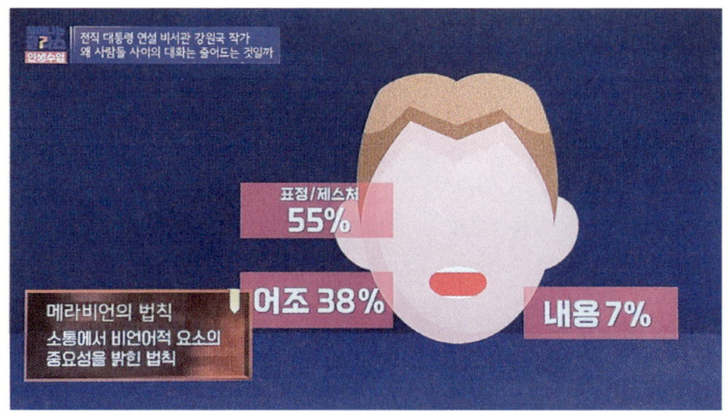

〈그림 48〉 메라비안의 법칙을 설명한 그림.[77]

★　'메라비안의 법칙'은 제한된 상황에서 연구한 결과이기에 일반화할 수는 없으나, 비언어의 중요성을 강조하기 위해 인용함

희한하네, 근데 나도 경험해 봤어!

미지, 배경음악, 조명도 단순한 효과를 넘어서 여러분의 감정에 영향을 줄 수 있는 요소로 작용할 가능성이 있어요.

이처럼 우리의 감정은 순간적으로 생기는 것이 아니라, 다양한 요소에 영향을 받아 형성된 결과예요. 그래서 미디어를 볼 때는 여러분 자신이 느끼는 그 감정과 감각을 비판적으로 바라보고, 그것이 어디서 비롯되었는지 점검하는 태도가 필요해요. 내가 미디어를 통해서 느끼고 있는 이 감정이 어떤 감정인지, 그리고 무엇에 의해서 이 감정이 나타났는지 한 번 더 확인해야 해요.

왜 그래야 하냐고요? '좋다', '싫다', '재미있다', '짜증 난다'[*] 같은 감정들이 나타나면 여러분의 판단에 편견이 생길 수 있기 때문이에요.[78] 게다가 여러분이 보는 영상은 의도를 가지고 제작되었기에, 여러분의 감정과 감각이 제작자가 원하는 방향으로 나타날 수 있어요. 그래서 여러분에게 이런 질문을 하고 싶어요.

혹시 여러분은 '파블로프의 개' 실험[**]처럼, 유튜브, 틱톡, SNS라는 '종소리'에 조건반사처럼 반응하고 있는 건 아닐까? 여러분의 생각은 어떤가요?

---

[*] 위에 언급된 표현들은 감정보다는 정동affect에 가깝습니다. 정동은 상황 자극에 대해 순간적으로 나타나는 신체적·정서적 반응을 뜻합니다.

[**] 파블로프의 개 실험: 종소리에 맞춰 음식을 주는 과정을 반복하자, 나중에는 종소리만 들어도 침을 흘리게 된 조건반사 실험.

PART 2.

7

그래, 결심했어!
잠시만…… 다시 생각해 볼게요

"그래, 결심했어!"

이런 말을 언제 할까요? 보통은 오랜 고민 끝에, 최종 결정을 내리면서 "그래, 결심했어!"라는 말을 하게 됩니다. 이 말을 떠올리면 마치 불끈 쥔 주먹이 생각날 수 있어요. 그만큼 엄청난 의지가 담긴 말이기도 하죠. 그럼, 이런 말을 하게 된다면 절대로 마음이 바뀌지 않을까요?

한 가지 상황을 가정해 볼게요. 매년 수학능력시험이 끝나면 수험생들을 대상으로 다양한 이벤트와 할인행사가 열립니다. 그중 하나가 운전전문학원의 할인행사입니다. 이 시기에 많은 학생들이 운전면허를 따려고 하죠. 만약 이때 운전면허를 땄다면, 다음으로 무엇을 하고 싶을까요? 아마도 직접 차를 몰고 어딘가로 떠나고 싶을 거예요. 예를 들어, 바다로 드라이브를 떠나는 상상을 할 수 있겠죠. 저 역시 그랬거든요. 처음에는 렌터카를 빌려 타겠지만, 점점 어떤 마음이 들까요? 바로 '차를 사고 싶다'라는 마음이 생기게 되겠죠.

하지만 자동차는 돈을 벌지 않는 학생에겐 매우 비싸기에 쉽게 구입할 수 없어요. 그렇게 시간이 흐르고, 마침내 자동차를 살 수 있는 여건과 상황이 갖춰지면, 오랜 시간 여러 차종을 비교하고, 직접 시승도 해보며, 자동차 전문가의 칼럼과 유튜브도 꼼꼼히 찾아보게 되죠. 체크하고 또 체크한 끝에, 드디어 나만의 드림 카를 결정합니다. 그러고는 이렇게 말하죠.

"그래, 결심했어!"

이처럼 오랜 시간 꿈꿔 온 자신의 첫차를 선택하는 건 결코 쉬운

〈그림 49〉 나만의 드림 카 – 그래 결심했어!

결정이 아니에요. 무작정 비싼 차를 살 수도 없어요. 자신의 상황과 예산에 맞는 차를 골라야 하고, 자신이 좋아하는 디자인과 브랜드 등을 모두 고려해야 하죠. 그리고 최적의 구매 조건과 시기까지 고려한 끝에, 마침내 자신 있게 말합니다. "그래, 결심했어!" 그런데 잠시 뒤, 여러분의 가장 친한 친구가 다가와서 이렇게 말한다면요?

〈그림 50〉 그런데, 있잖아…….

"그런데, 있잖아……."

만약 여러분이 너무나도 가지고 싶던 물건을 정말 오랜 시간을 고민하고 또 고민해서 최종 결정을 했는데, 여러분의 친구가 위 그림처럼 "그런데, 있잖아……"라는 말을 꺼낸다면, 여러분은 어떤 기분이 들까요? 그 친구는 해당 제품의 전문가도 아니고, 단순한 생각을 말했을 뿐인데도, 여러분의 결심이 흔들릴 수 있습니다. 이처럼 오랜 고민

끝에 내린 결정조차도, 때로는 친구의 말 한마디에 영향을 받을 수 있어요.

그렇다면 여러분이 신뢰하는 사람의 말은 어떨까요? 또는 뉴스나 유튜브에서 교수, 의사, 변호사와 같은 전문가의 말은요? 아마 여러분도 한 번쯤은 신뢰하는 사람이나 전문가의 말 한마디에 여러분의 선택이 바뀌었던 경험이 있을 거예요. 하지만 정말 그것만이 여러분의 선택에 영향을 줄까요? 그렇지 않아요. 여러분의 선택에 영향을 주는 것은 생각보다 훨씬 많습니다. 아마도 이 글을 다 읽고 나면, 이렇게 말하게 될지 몰라요.

"제발 내가 선택할 수 있게 해주세요. 네~에"

과연 여러분이 처음에 마음먹은 것이 끝까지 이어지는 게 얼마나 될까요? 예를 들어 "오늘 저녁엔 햄버거 먹을 거야"라고 마음을 먹었는데, 집에 오는 길에 초록색 간판의 샌드위치 가게를 보고 갑자기 마음이 바뀌어서 샌드위치로 바꾸는 것처럼요.

이번에는 여러분이 내리게 된 선택이 어떤 방식으로 영향을 받았는지에 대해 살펴보고자 해요. 먼저 마케팅이 여러분의 선택에 어떤 영향을 주는지 예를 들어 설명해 볼게요. 여러분이 열심히 운동을 한 뒤, 너무 목이 말라서 코카콜라(또는 포카리스웨트)를 사 먹으려고 편의점에 들어갔다고 해볼게요. 이미 어떤 음료를 살지 마음속으로 결정한 상태죠. 그런데 냉장고를 보니 펩시콜라(게토레이)가 1+1으로 판매된다면, 여러분들은 어떤 선택을 할 건가요?

〈그림 51〉 할인 마케팅.[79]

　이러한 사례는 음료수뿐만 아니라 다양한 제품에서도 자주 일어나요. 때로는 특가 할인이라는 문구가 우리 마음을 흔들기도 하죠. 또 다른 예로 초콜릿 한 개를 사려고 편의점에 들어갔어요. 진열대에 2+1 이라는 표시가 보이면 여러분은 어떤 선택을 할 것 같나요? 원래는 딱 1개만 사려고 했는데, 괜히 한 개만 사면 손해 보는 것 같은 느낌이 들면서 2+1을 구매한 적은 없었나요? 이처럼 우리의 선택은 상황이나 제안 방식에 따라 쉽게 바뀔 수 있어요.

　이번에는 여행을 예를 들어볼게요. 여러분이 미국 뉴욕에 여행을 갔다고 생각해 봐요. 길을 걷는 동안 기념품 숍을 자주 만나게 될 거예요, 공항에서도 많은 기념품 숍을 볼 거예요. '나는 단순히 보기만 할 거야'라는 마음으로 기념품 숍에 들어갔는데 예쁜 것들이 많이 진

희한하네, 근데 나도 경험해 봤어!

열되어 있어요. TV나 유튜브에서 많이 보던 'I LOVE NEW YORK' 문구가 적힌 티셔츠가 눈에 띄고, 그 옆에는 자유의 여신상, 엠파이어 스테이트 빌딩 모양 제품과 뉴욕 자동차 번호판을 본뜬 제품까지 판매하고 있어요. 그 외에도 너무 예쁜 게 많이 있어요. 처음에는 그냥 구경하러 들렀는데, 미디어를 통해 친숙하게 느껴졌던 뉴욕 상징물들을 직접 보니 사고 싶은 마음이 점점 커질 수 있어요. 그런데 생각보다 싸지 않아요. 그 순간, 이런 문구가 눈에 들어옵니다. 이렇게요.

〈그림 52〉 뉴욕 기념품 숍의 기념품들.[80]

이 짧은 한마디가 여러분의 마음을 흔들 수 있어요. 만약 마음이 변했다면, 머릿속으로 이런 말을 할지도 몰라요.

"내가 뉴욕까지 왔는데⋯⋯", "나의 첫 해외여행인데⋯⋯", "난 이

순간을 평생 기억할 수 있는 무언가가 필요해"라는 생각을 하면서 스스로를 설득할 수 있어요. 그러면서 "이 물건은 집에 가면 요렇게 쓰고, 학교 다닐 때 쓸 거고, 이래저래 쓸 일이 아주아주 많을 거야"라는 마음으로 구매해서 오는 경우가 있어요. 이처럼 물건을 살 당시에는, 그 순간의 감정, 특히 긍정적인 감정에만 초점을 맞추다 보니 실수를 할 가능성이 있습니다.[81] 하지만 여행지에서 느꼈던 그 감정이, 과연 집에 돌아와서도 그대로 유지될까요? 제 경험에 비춰 보면, 여행을 마치고 일상으로 돌아왔을 때에는 물건을 살 당시의 마음과는 사뭇 달라지는 경우가 많은 것 같아요.

여행 중에는 우리의 마음을 흔드는 또 다른 요소들도 작용해요. 예를 들어 여행지의 상점에서는 '여러분들의 소중한 사람들에게 선물하세요', '귀국 선물'이라는 문구와 함께, 여행을 오면 반드시 지인들의 선물을 사가야 하는 것처럼 마케팅에 영향을 받아 필요 이상의 지출을 하고 나중에 후회하는 경우도 있어요.

다음으로는 다수의 의견을 따르는 현상에 대해 이야기해 볼게요. 이 말은, 많은 사람이 선택한 의견에 따라 내 생각을 쉽게 바꾸는 경우입니다. 잠시 퀴즈를 통해서 이 상황을 설명해 볼게요. 1950년 사회심리학자인 솔로몬 애쉬Solomon Asch는 〈그림 53〉에서 보듯 'A라는 막대가, 옆에 있는 1, 2, 3번 막대기 중 어느 것과 길이가 같을까요?'라는 문제로 실험을 했어요. 과연 A의 막대와 동일한 길이를 나타내는 건 몇 번일까요? 여러분도 한 번 풀어봐요. (착시 효과 아닙니다^^)

<그림 53> 솔로몬 애쉬 실험.

정답을 찾았나요? 너무 쉽죠. 바로 2번이 정답입니다. 그러나 솔로몬 애쉬의 실험 결과는 10명 중 7~8명이 틀린 답을 했다고 해요? 왜 그랬을까요? 이 실험에는 아무런 눈속임 장치도 없었어요. 다만 심리적 상황이 반영되었죠. 참고로 이 실험의 대상자는 오직 한 명입니다.

다시 한번 쉽게 설명할게요. 3학년 1반에 25명의 학생이 있어요. 그중 오승용 학생에게만 잠시 나갔다가 5분 뒤에 들어오라고 했어요. 이제, 교실 안에 있는 학생들에게 <그림 53>을 보면서, 이렇게 말합니다. "이따가 오승용 학생 들어오면 (가장 짧은) 1번 막대기가 A와 같다고 말하기로 해요." 그리고 잠시 뒤 오승용 학생이 들어왔고, 선생님은 이렇게 질문합니다. "왼쪽 A와 같은 길이의 막대는 오른쪽 1, 2, 3번 중 어느 것일까요?" 그리고 사전에 약속한 대로 오승용 학생을 제외한 모든 학생은 큰 소리로 "1번이요"라고 외쳤어요.

여러분은 이런 상황에서 어떤 대답을 할 것 같나요? 실험 결과, 많은 사람이 틀린 대답을 알고 있으면서도, 다수가 말하는 쪽을 말했다고 합니다. 이 실험은 사람들이 다수의 의견에 영향을 받을 수 있다는 사실을 보여줍니다.

그렇다면 이런 상황은 우리 일상에서 언제 일어날 수 있을까요? 제가 상황극을 통해서 설명해 볼게요.

선생님께서 분수의 덧셈과 뺄셈에 대해 아주 자세히 설명해 주셨어요. 문제 풀이뿐만 아니라 일상생활에서 어떻게 사용하는지까지 아주아주~ 오랜 시간 설명하셨어요. 그런 뒤 이렇게 물으십니다.

"모두 이해했죠?"

<그림 54> 수업 상황-모두 이해했죠?

희한하네, 근데 나도 경험해 봤어!

그런데, 나는 정말 모르겠어요. 하지만 나를 제외한 대부분의 친구들은 "네"라고 큰 소리로 대답합니다. 이럴 때, 여러분이라면 어떻게 할 것 같나요? "저는 모르겠는데요"라고 솔직하게 말하는 건 생각보다 쉽지 않을 수 있어요. 왜냐하면 사람은 심리적으로 다수가 선택한 것을 자기도 선택해야 한다고 느끼기 때문이에요. 특히, 위와 같은 상황극처럼 나만 모르는 상황이라면, 더더욱 자신의 의견을 말하기보다는 조용히 침묵을 선택하는 경우가 많다고 해요. 이런 현상을 '침묵의 나선 이론'이라고 불러요.

아래의 그림을 볼까요?

한때 롱 패딩(김밥 패딩)이 유행했던 적이 있어요. 그 이전에는 노스페이스 패딩 입는 것이 학생들 사이에서 인기였죠. 만약, 여러분의

〈그림 55〉 다수의 선택에 따라가는 행동-나도.[82]

반 친구들 대부분이 같은 패딩을 입고 있다면, 부모님에게 그 패딩을 사달라고 말할 것 같나요? 여러 가지 의견이 있을 수 있겠지만, 많은 사람은 다수의 선택을 따라가는 행동을 할 거예요.★

또 이런 상황도 생각해 볼 수 있어요. 학교에 갔는데 친구들 대다수가 어제 본 드라마에 대해서 재미있게 이야기하고 있어요. 그런데 여러분은 그 드라마를 보지 못했다면 그 대화에 참여하기 어렵겠죠. 왜냐하면 그 내용을 모르기 때문에 그저 듣는 것만 할 수 있을 거예요. 그런데 너무나도 그 대화에 끼고 싶다면 어떻게 할까요? 아마 유튜브에 들어가서 그 드라마의 요약본이라도 보려고 할 거예요.

한 가지 더 재밌는 사례를 통해서 좀 더 이야기해 볼게요. 어느 회사의 사장님과 직원들이 중화요리 식당에 가서 하는 대화를 살펴볼까요?

사장: 오늘은 매우 기분 좋은 날이니까, 아주 맛있는 걸로 골라요. 다들 눈치 보지 말고 주문해요.

부장: 사장님은 어떤 걸로 주문하시겠어요?

사장: 저는 짜장으로 할게요.

부장: 저도 짜장이요.

과장: 저도요.

여러분: ???

★　　FOMO fearing of missing out 증후군.

희한하네, 근데 나도 경험해 봤어!

여러분이 이 회사의 신입사원이라면 어떤 메뉴를 주문할 것 같나요? 물론 정답은 없어요.^^

하지만 우리는 이런 상황에서 종종 다수의 의견에 내 의견을 맞추는 경험을 하게 됩니다. 내가 좋아하지도 않고, 원하지도 않았지만, 주변 분위기나 다수의 선택에 따라 어쩔 수 없이 따라가는 경우도 있어요. 이처럼 '소외되고 싶지 않은 마음'은 우리의 행동과 선택에 생각보다 큰 영향을 줄 수 있죠.

이제 마지막으로, 비교 전략입니다.

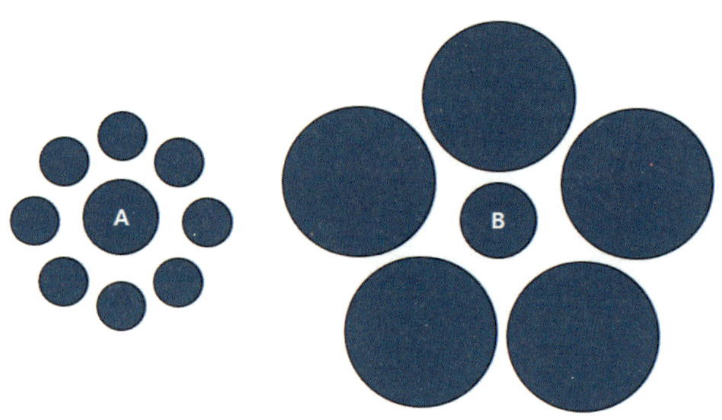

〈그림 56〉 과대포장의 비밀.[83]

〈그림 56〉을 보면 작은 원 8개에 둘러싸인 A와, 큰 원 5개에 둘러싸인 B 중에서 어느 것이 더 커 보이나요? 아마도 왼쪽에 있는 A가 더 커 보일 거예요. 하지만 여러분도 예상하고 있듯이 두 개의 원은 같은

크기입니다. 이처럼 우리가 어떤 대상을 볼 때, 그 판단은 주변의 영향을 받을 수 있어요. 이러한 현상에 대해 책『이모션』에서는 '향수' 판매 사례를 통해 알려줍니다.

같은 향수라도 어느 장소에 놓이느냐에 따라 전혀 다른 가치가 된다고 합니다. 향수가 아주 고급스러운 장소에 있는 것과 싸구려 물건들 사이에 있는 것을 예로 들고 있어요.[84] 이처럼 주변 환경의 차이만으로도 상품의 가치가 달라질 수 있기에, 마케팅에서는 이런 특성을 전략적으로 자주 활용합니다. 이해를 돕기 위해 한 가지 더 말할게요.

A사 시계: 10만 원

B사 시계: 20만 원

C사 시계: 50만 원

여러분이 시계를 사려고 해요. 그런데 시계에 대해서는 잘 모르는 상태라면, 어떤 제품을 선택할 것 같나요? 이렇게 해당 제품에 대해 잘 알지 못할 경우, 많은 사람은 중간 가격대의 제품을 고른다고 해요. 그리고 판매자는 자신이 팔고 싶은 것을 합리적으로 보일 수 있도록 아무도 선택할 것 같지 않은 미끼 상품decoy을 함께 배치하기도 해요. 이렇게 비교의 구조는 여러분의 선택에 영향을 미칠 수 있어요.

그렇다면 여러분의 선택에 영향을 주는 것이 가격 비교뿐일까요? 실제로 우리는 미디어를 통해 어떤 정보를 접하느냐에 따라서도 생각과 판단이 달라질 수 있어요. 아래의 표를 보고 A와 B 중에서 어느 쪽

	A	B	사망률이 더 높은 것은?
1	토네이도로 죽은 사람	천식으로 죽은 사람	
2	벼락 맞아 죽은 사람	보툴리누스 식중독으로 죽은 사람	
3	사고로 죽는 사람	당뇨병으로 죽는 사람	

의 사망률이 높은지 표에 적어 보세요.

다 적었나요? 1번부터 결과를 말할게요.

1번은 천식이 토네이도 사망자보다 20배 많고,

2번은 벼락 맞아 죽은 사람보다 보툴리누스 식중독으로 죽은 사람이 52배 더 많아요.

3번은 사고로 죽는 사람보다 당뇨병으로 죽는 사람이 4배가 더 많았습니다.[85]

그런데 왜 대부분의 사람들은 A에 속한 사례들이 더 위험하다고 느꼈을까요?

대니얼 카너먼 교수는 언론 보도의 특성을 그 이유로 설명합니다. 언론은 강렬하고 이례적인 사건에 중점으로 보도하고, 우리는 그런 뉴스에 반복적으로 노출되면서 실제보다 더 위험하다고 인식하게 된다고 합니다.[86] 즉, 우리가 보는 뉴스 역시 누군가의 '선택'으로 만들어진 것이고, 그 선택이 여러분의 감정과 판단에 영향을 줄 수 있다는 거예요.

또 하나 질문할게요.

여러분은 하루에 얼마나 많은 시간을 미디어를 사용하는 데 쓰고 있다고 생각하나요? 한국언론진흥재단 자료에 따르면, 10대 청소년의 인터넷 이용 시간이 1일 8시간이라고 해요.[87] 즉, 하루 중 3분의 1의 시간을 인터넷과 함께 보내고 있다는 뜻이에요. 특히 온라인 동영상 플랫폼 이용률은 97.4퍼센트라고 해요. 유튜브, 틱톡, 인스타그램, 게임과 같은 플랫폼에서 많은 시간을 보내고 있다는 거죠. 그런데 미디어 속에는 제가 앞서 이야기했던 '신뢰하는 사람의 말 한마디', '마케팅 전략', '다수의 의견', '비교 효과'와 같은 다양한 요소들이 가득 들어 있어요. 그렇다면 여러분은 정말 스스로 생각하고, 선택했다고 말할 수 있을까요?

앞에서 제가 했던 말이 기억나나요?

"제발 내가 선택할 수 있게 해주세요. 네~에"

처음에는 그냥 농담처럼 들렸을지 몰라도, 이제는 그 말이 단순한 우스갯소리가 아니었음을 느꼈을 거예요.

"그래 결심했어"와 같이 굳은 결심도 쉽게 흔들릴 수 있어요. 그렇다면, 우리가 매일하고 있는 수많은 선택들은 과연, 내가 한 선택일까요? 아니면 어떤 영향을 받은 선택일까요?

8

말랑말랑한
생각의 틀이 필요해

"사자야, 내가 너 예쁘게 그려줄게. 내 앞에 서봐!"

만약, 이런 상황이라면 여러분은 어떤 그림을 기대하시나요? 아마도 사자의 멋진 얼굴이 정면으로 그려진 모습을 떠올릴 거예요. 그런데 전혀 예상 밖의 모습이 그려졌다면 어떤 생각이 들까요?

〈그림 57〉의 '예상 밖의 모습'은 일반적으로는 상상하기 어려운 구

예상된 모습

도죠. 하지만 해당 그림을 찬찬히 들여다보면, 이 장면이 어떻게 가능한지 짐작할 수 있을 거예요. 혹시 눈치채셨나요? 이 그림은 사자를 위에서 내려다보며 그린 그림입니다. 그렇다면, 누가 이 그림을 그렸을까요?

〈그림 57〉 사자를 그린 초상화.

그건 바로…… 기린입니다.

〈그림 58〉 사자를 그리는 기린의 모습.[88]

희한하네, 근데 나도 경험해 봤어!

정답을 알고 보면 웃음이 나올 수도 있어요. 그렇지만 기린의 시선에서는 너무나 당연하죠. 물론 실제에서는 불가능한 상황이지만, 이러한 엉뚱한 상상이 때로는 우리에게 새로운 시선을 열어줍니다. 엉뚱하지만 가능할 것 같은 사례 하나를 더 소개할게요?

〈그림 59〉 초코파이 '정'.[89]

위 그림은 오리온에서 만든 '초코파이 정'입니다. 〈그림 59〉를 자세히 보면서 어떤 정보가 들어 있는지 확인해 보세요. 일단 제품 이름이 있어요. '초코파이 정情'이라 쓰여 있고, 12개가 들어있다고 해요. 그리고 이 제품은 1974년부터 만들어졌네요. 아마 여러분의 엄마, 아빠보다도 나이가 많을 수 있어요. 그럼 이제, 엉뚱한 상상을 해볼까요? 우리의 뇌를 한 번 말랑말랑하게 만들어 보자고요. 도전해 봅시다.

<그림 60> 초코파이 아홉.[90]

위 그림은 초등학교 저학년으로 보이는 어떤 아이가 엄마에게 이렇게 말했답니다. "(초코파이가) 아홉 개야, 우리 가족 2개씩도 못 먹어." 이때 엄마는 아이에게 "너 진지해? 너 진짜야?"라고 말하자 아이는 고개를 끄덕이면서 이렇게 말합니다. "그럼 이게 뭐라고 적혀 있는데?"

이 영상을 보면서 '한자를 잘 모르는 어린아이는 이렇게도 생각할 수 있구나'라고 생각했어요. 그런데 유튜브에서 검색해 보니 많은 아이가 '초코파이 아홉'으로 읽고 있더군요. 하지만 대다수 어른은 '초코파이 아홉'을 생각하지 못할 거예요. 왜냐하면 오랜 기간 '초코파이 정'으로 알고 있기에 아이들처럼 생각하지 못할 수 있어요.

앞서 소개한 '기린이 그린 그림', '초코파이 아홉 개'에는 공통된 메시지가 있습니다. 바로 "그럴 리 없는데……"라고 생각한 것이, 시선을 조금만 바꾸면 '그럴 수 있겠네'로 바뀔 수 있다는 거예요. 결국, 우리에게 익숙한 것도 '어떻게 보여주느냐'에 따라 전혀 다르게 인식될 수 있어요. 특히, 미디어 기술이 발달한 시대에는, 이전에는 불가능했던 장면조차 마치 '현실'처럼 보이게 만들 수 있어요. 그래서 여러분이 보는 익숙한 영상도 평소와 다른 시선으로 바라보는 연습이 필요해요.

〈그림 61〉 영화 〈매트릭스〉의 한 장면.[91]

〈그림 61〉은 영화의 한 장면입니다. 긴장감 넘치는 BGM과 함께 두 사람이 서로에게 총을 겨누며 뛰어가는 순간, 총알의 움직임조차도 보일 정도로 슬로 모션이 적용됩니다. 이 장면에는 관객들을 좀 더

몰입시키기 위해 주위 배경과 인물 모두 슬로 모션으로 보여줍니다. 그래서 점프만 했는데 마치 공중에 오랜 시간 붕~ 떠 있는 것처럼 보이게 됩니다. 과연 이 장면은 어떻게 촬영한 걸까요?

1999년에 개봉한 이 영화는, 당시로서는 혁신적인 기술을 활용해 관객들이 영화를 보면서 깊은 몰입감과 현장감을 느낄 수 있도록 정교하게 제작되었어요. 여러분도 잘 알고 있듯이 컴퓨터 그래픽CG을 사용하였고, 배우들이 오랜 시간 공중에 매달릴 수 있게 하는 와이어도 사용됐죠. 또 수십 대의 카메라를 동시에 작동시켜서 다양한 각도에서 촬영하는 방식도 사용했고, 또 뭐가 있을까요? 바로 아래의 그림에서 볼 수 있듯이 실제 영화에는 '보이지 않는 사람들'이 있습니다. 두 배우가 엎드린 상태에서 안정적인 자세를 만들기 위해 초록색의 쫄쫄이 의상을 입은 사람들이죠.

〈그림 62〉 영화 〈매트릭스〉 촬영기법.[92]

희한하네, 근데 나도 경험해 봤어!

이뿐만 아니라, 이 영화의 제작 과정을 자세히 설명한 영상에서는, 우리가 상상한 것보다 훨씬 더 복잡한 과정이 있다고 말합니다. 참고로 이 영화는 1999년도에 개봉한 〈매트릭스〉입니다. 이 영화는 스토리도 흥미로웠지만, 무엇보다도 새로운 촬영기법과 놀라운 기술력을 인정받아 제72회 아카데미 시상식에서 '시각효과상'을 수상했어요. 그렇다면 〈매트릭스〉가 개봉한 지 24년이 지난 2023년, 미디어 기술은 얼마나 더 발전했을까요?

〈그림 63〉의 장소는 어디일까요?

〈그림 63〉 아쿠아리움?[93]

PART 2.

　많은 사람들 머리 위로 상어가 지나가고 있어요. 푸른 바닷물의 색
감과 생생한 소리까지 들립니다. 아마도 대형 아쿠아리움 같죠? 여러
분도 그렇게 생각하나요? 하지만 이곳은 아쿠아리움이 아닙니다. 이
곳은 미국 라스베이거스에 있는 최첨단 대형 공연장 '스피어Sphere'입
니다.

〈그림 64〉 '스피어'의 안과 밖 모습.[94]

희한하네, 근데 나도 경험해 봤어!

‘스피어’는 외관이 거대한 구 형태로, 마치 커다란 농구공처럼 보이는 둥근 공연장입니다. 외벽과 내부 전체에는 수많은 초고화질의 LED가 촘촘하게 설치되어 있어요. 외벽 스크린 면적이 축구장 2개 반에 해당하는 약 5만 4,000평방미터라고 하니 엄청난 크기임을 알 수 있겠죠?

이 공연장에는 진동과 바람까지 느낄 수 있어, 관객은 다양한 감각으로 몰입형 공연immersive Shows을 체험할 수 있어요. 또한 관객들은 마치 실제 현실 속에 들어온 듯한 ‘현장감’도 느낄 수 있어요. 이처럼 놀라운 기술의 발전으로, 과거에는 녹색 쫄쫄이 의상과 와이어, 그리고 오랜 시간에 걸친 컴퓨터 그래픽 작업을 통해서만 가능했던 장면들이, 2023년에는 ‘스피어’라는 공간에서는 훨씬 더 직관적이고 몰입감 넘치는 영상을 볼 수 있게 되었어요. 이처럼 기술의 발전은 우리의 감각을 더욱 강하게 자극하며, 새로운 경험을 할 수 있게 해줍니다.

또 다른 사례는 축구와 관련된 이야기입니다. 여러분은 축구 좋아하나요? 축구에 큰 관심이 없어도 월드컵이나 올림픽에서 한국 대표팀 경기가 열리는 날이면 많은 사람이 TV 앞에 모여 응원하곤 하죠. 또 한국 선수가 해외 리그에서 멋지게 활약하는 모습을 보면 뿌듯함까지 느낄 수 있을 거예요.

특히 2020년, 손흥민 선수가 70미터를 단독 질주해 넣은 골이 ‘올해의 가장 멋진 골’로 선정되었을 때, 많은 한국 사람이 함께 기뻐했어요. 이 상이 바로 FIFA에서 수여하는 ‘푸스카스 상FIFA Puskás Award’인데요, 전년도 11월부터 당해 10월까지 나온 골 중에서 단 한

명을 선정해서 주는 상이에요.

보통 이 상은 세계 최고의 빅 리그에서 뛰는 유명한 선수들이 받고 있었습니다. 예를 들어 2009년 크리스티아누 호날두(맨체스터 유나이티드FC, 영국), 2011년 네이마르 주니오르(브라질), 2018년 모하메드 살라(리버풀FC, 영국)가 이 상을 받았어요. 이 상을 받은 선수들의 멋진 골로는 오버헤드 킥과 엄청난 파워가 느껴지는 무회전 슛, 그리고 극적인 상황에서 넣은 골 등이 있어요.

그렇다면, 2022년도의 가장 멋진 골을 넣은 사람은 누구일까요? 혹시 이번에도 빅 리그에서 활약하는 유명한 선수일 거라고 예상했나요? 2022년 푸스카스 상의 주인공은 폴란드의 마르신 올렉시Marcin Oleksy였습니다. 그는 폴란드 장애인 축구 리그 소속 선수로, 목발을 짚은 채 오직 한쪽 다리로만 슛하는 시저스 킥으로 '푸스카스 상'의

〈그림 65〉 2022년 푸스카스상 수상자.[95]

희한하네, 근데 나도 경험해 봤어!

주인공으로 선정되었어요.

2022년 최종 후보로는 브라질의 히샬리송(토트넘)과 프랑스의 드미트리 파예(마르세유) 선수가 올라갔지만, 최종 수상자는 마르신 올렉시였습니다. 장애를 가진 선수가, 비장애인 선수들과 동일한 기준으로 경쟁해 최종 선정된 거예요. 이 사례는 '당연함'에 대한 생각을 다시 돌아보게 만드는 중요한 계기가 되었어요.

그렇다면 우리는 왜 이런 고정된 생각을 가지게 되는 걸까요? 그 이유 중 하나는 바로 미디어를 통한 반복 학습에 있어요. 미디어를 통해 자주 접하면서 익숙해지거나, 반복되는 정보들은 어느 순간 우리가 그것을 '당연한 것'으로 받아들이게 만들 수 있어요. 왜냐하면 오랜 시간 미디어를 통해 반복적으로 학습된 결과일 수 있기 때문이죠. 그래서 우리는 의식적으로, 미디어에서 반복적으로 보이는 익숙한 정보나 장면에서 벗어나려는 노력이 필요해요.

이제, '당연함'에 대한 변화가 필요합니다. 저는 이런 메시지를 전달하기 위해 기린이 사자를 그린 그림, 초코파이 아홉, 영화 매트릭스의 촬영 장면, 라스베이거스의 '스피어' 그리고 '2022년 푸스카스 상 수상자' 이야기까지, 여러분의 예상과 고정관념을 흔들 수 있는 사례들을 소개했어요.

이제는 여러분의 차례예요. 여러분이 직접, 미디어에서 반복적으로 보여줘서 너무 익숙해진 장면들을 찾아보세요. 예를 들어, 똑똑한 아이를 표현할 때 주로 안경 쓴 아이가 등장해요. 그리고 지역에 사는 사람들은 촌스럽거나 사투리를 쓰는 모습들로 자주 보일 수 있어요.

또 청소년들을 예민하고 사고를 일으키는 존재로 자주 표현돼요.

이제는 미디어에서 자주 보이는 것이라고 해서, 그냥 당연하게 받아들이면 안 돼요. 제가 말한 것 외에도 미디어 속에는 미처 인식하지 못한 고정관념이 생각보다 많을 거예요. 그리고 그런 차이들을 하나하나씩 확인해 나간다면, 여러분의 미디어 리터러시 능력은 무럭무럭 성장할 거예요.

그러니 이제는, 여러분이 가진 '익숙함'과 '당연함'이라는 콘크리트와 같은 단단한 틀에서 벗어나, 말랑말랑한 생각의 틀로 미디어를 바라보길 바랍니다.

PART 3

만약에 말이야,
혹시……

9

만약에What if~?

가수 태연의 〈만약에〉라는 곡을 들어본 적 있나요? 2008년에 발표된 곡이지만, 지금까지도 많은 사람들에게 사랑받고 있어요. 잠시 들어 볼까요? (눈으로^^).

[1절]　만약에 내가 간다면, 내가 다가간다면

　　　　넌 어떻게 생각할까, 용기 낼 수 없고

　　　　만약에 네가 간다면, 네가 떠나간다면

　　　　널 어떻게 보내야 할지 자꾸 겁이 나는 걸

만약에 말이야, 혹시……

이 노래는 아직 일어나지 않은, 다양한 상황을 상상해 보는 내용이에요. "만약 내가 고백을 하면 받아줄까?", "만약 그 사람이 내게 고백하면 어떻게 해야 하지?"처럼 다양한 상황을 가정해서 생각하고 있어요.

여러분은 언제 "만약에~"라는 말을 쓰나요?

만약에 내가 부자라면 어떨까?

만약에 내가 연예인이라면?

만약에 내가 조선 시대에 태어났다면?

만약에 내가 어제 그 말을 하지 않았더라면?

'만약에~'라는 질문은 끝도 없이 만들 수 있어요. 여러분도 한 번 써보세요.

만약에 내가ㅤ_________________________________

만약에 내가ㅤ_________________________________

만약에 내가ㅤ_________________________________

이처럼 '만약에~'로 시작하면, 뭐든 쉽게 말할 수 있지 않을까요?

단순하게 내가 원하는 상황을 말하면 되고, 실현 가능 여부와 관계없이 자유롭게 말할 수 있을 거예요. 그런데 '만약에~'로 시작하는 문장은 대체로 물음표가 있는 질문형이나 자신의 지난 행동을 후회하는 말로 사용될 거예요.

그런데 '만약에~'로 시작하는 질문에는 답이 있을까요? 저는 '정답은 없다'고 생각해요. 왜냐하면 이것은 상상력의 영역이기 때문이에요. 현실이 아니라 상상 속 이야기에는 '맞다', '틀리다'가 없으니까요. 여러분은 어떻게 생각하나요?

실제로 '만약에~'는 영화, 드라마, 소설, 시나리오처럼 현실은 아니지만, 실제처럼 느껴지는 흥미로운 이야기를 만들 때 자주 사용되는 질문이에요. 작가는 이 질문을 바탕으로 상상력을 발휘해 마치 현실에 있을 것 같은 등장인물과 극적인 상황, 그리고 생생한 배경 설명으로 입체적인 가상의 세계를 만들어냅니다. 여러분도 '만약에~'를 이용하면 재미있는 글을 쓸 수가 있을 거예요.

제가 한번 도전해 볼게요. 도전!

만약에 내가 가수라면?
(제 취미가 노래 듣기와 악기 연주이기에 가끔 이런 상상을 해요)
수많은 사람의 박수와 환호가 이어진다. "앵콜! 앵콜!"
무대 조명이 다시 켜지고, 드럼 솔로가 시작된다.
이어서 키보드와 일렉 기타가 멜로디를 더하고,
드디어 가수 오승용의 얼굴이 무대 위에 나타난다……

이 글은 제가 생각나는 대로 적은 짧은 글이에요. 하지만 여기에 개성 넘치는 캐릭터, 예상 밖의 상황, 갈등, 반전 같은 요소를 더하면, 독자들은 이 이야기를 상상하며 훨씬 더 재미있게 읽을 수 있을 거예요.

이처럼 여러분이 재미있게 보는 영화나 드라마도 대부분 이렇게 만들어져요. '만약에 ~라면'으로부터 시작된 질문은 작가의 상상력이 더해지고, 멋진 연출을 통해서 현실처럼 느껴지는 가상 세계가 만들어집니다.

그런데 여기서 주의할 점이 있어요. 이야기가 너무 그럴듯하고 생생하게 표현되다 보니, 영화나 드라마 그리고 예능 프로그램을 진짜라고 착각해서는 안 돼요. 예를 들어볼게요.

〈그림 66〉은 2019년에 tvN에서 방송된 드라마 〈사랑의 불시착〉입니다. 손예진·현빈 주연의 드라마로 주요 내용은 이렇습니다. (스포

〈그림 66〉 TV 드라마 〈사랑의 불시착〉.[96]

주의) 한국의 재벌 딸(손예진)이 패러글라이딩 중 돌풍을 만나 의도치 않게 북한으로 가게 됩니다. 그리고 그곳(북한)에서 아주 멋진 군 장교(현빈)를 만나 사랑에 빠진다는 내용의 드라마입니다. 전체 16부작 중 상당 부분을 북한을 배경으로 하고 있어요.

그럼 여기서 질문!

이 드라마에 나오는 북한의 모습은 실제 북한의 모습과 같을까요? 그리고 이 드라마 속 북한 주민들의 생활 모습을 우리는 어떻게 봐야 할까요?

아마도 여러분 중 대부분은 북한에 가본 적이 없을 거예요. 저도 그래요. 그렇다면 우리가 알고 있는 북한에 대한 정보는 어디에서 얻었을까요? 아마도 뉴스나 드라마 또는 예능 프로그램에서 얻었을 거예요. 물론 드라마 작가의 경우 더 생생한 북한을 표현하기 위해 탈북자들의 실제 경험담을 참고하기도 해요.[97] 하지만 드라마는 기본적으로 많은 제작비가 들어가는 콘텐츠이기 때문에, 더 많은 사람이 공감하고 좋아하는 내용으로 만들어지는 경우가 많아요.

〈사랑의 불시착〉 역시 '북한'이라는 공간을 실제처럼 재현한 것이 아니라, 남녀 주인공들의 사랑 이야기를 더욱 극적으로 만들기 위한 배경으로 활용된 것이라 볼 수 있어요. 또한 재미와 감동 포인트를 잘 살리기 위해, 북한 주민들의 생활 모습도 상상과 연출이 들어간 '만약에~라면'에서 출발했다는 점을 꼭 기억해야 해요.

제가 중학교 때 국어 선생님이 이런 말씀을 하셨어요. "소설은 현실에 있을 법한 이야기야". 드라마와 영화도 마찬가지예요. 현실은 아

만약에 말이야, 혹시……

니지만 현실에 있을 법한 이야기라는 거죠. 예를 들어, 소설 『해리포터』가 호그와트 마법학교를 배경으로 하고 있지만, 실제로 마법학교가 없다는 걸 알듯이, 〈사랑의 불시착〉 역시 작가의 상상력으로 만들어진 '북한'이라는 점을 잊지 말아야 해요.

〈그림 67〉 TV 드라마 〈슬기로운 의사생활〉.[98]

이번에는 우리가 직접 경험해 보기 어려운 직업에 대해 이야기해 볼게요. 바로 대형 병원에서 근무하는 의사들의 모습입니다. tvN에서 방송된 〈슬기로운 의사생활〉은 많은 시청자의 사랑을 받아 시즌 2까지 제작되었어요. 이 드라마에서는 의대 동기인 다섯 명의 친구들이 같은 병원에서 근무하며 겪는 다양한 이야기들을 담고 있어요. 더욱이 이 드라마의 주요 배경이 병원이기에 생명을 살리는 기쁨, 생명을 잃게 되는 슬픔, 병으로 인한 고통과 두려움에 대한 이야기로 구성되어 있어요.

그렇다면, 이 드라마에 나오는 의사들의 모습을 우리는 어떻게 받아들여야 할까요? 아마도 이제는 알아차렸겠죠? 계속 말하고 있는 '한 번 확인하는 절차'가 필요해요. 이 드라마는 의료 현장을 최대한 사실적으로 보여 주기 위해 실제 의과대학교 교수님과 전문의 그리고 간호사분들의 도움을 받아서 제작되었어요.

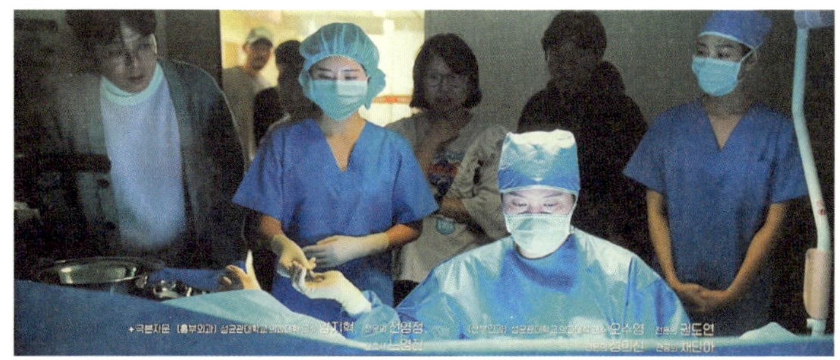

〈그림 68〉 TV 드라마 〈슬기로운 의사생활〉 극본 자문.[99]

위 그림에서 볼 수 있듯이, 많은 의사 선생님들과 간호사분들이 이 드라마 대본 작업에 도움을 주셨어요. 그리고 의료현장에서 실제로 벌어질 수 있는 일들과 의학 관련 지식도 제공해 주셨어요. 하지만 드라마에서는 그 실제 사례를 모두 반영할 수 없어요. 왜냐하면 드라마

이기 때문입니다. 드라마는 극적인 장면, 웃음과 감동을 시청자에게 전달해야 해요. 그러기 위해서는 연출과 편집을 해야 하죠. 다만 일부 내용은 '대체로 사실'일 수 있지만, 완벽하게 '사실'이지는 않다는 점을 말하고 싶어요.

특히, 내가 잘 알지 못하는 직업과 내가 가보지 못한 장소를 배경으로 만든 드라마의 경우 여러분은 진짜라고 믿을 수도 있어요. 왜냐하면 여러분이 의사의 생활을 알 수 없기에 실제 모습과 연출된 장면을 쉽게 구분할 수 없어요. 단, 의사분들은 〈슬기로운 생활〉을 보면서 어색한 부분을 바로 지적할 수 있습니다. 왜냐고요? 잘 알기 때문이죠.

드라마는 여러분을 흥미와 감동을 주기 위해 만들어진 영상물이에요. 그리고 작가의 상상에 의해 만들어진 이야기라는 점을 꼭 기억해야 해요.

혹시, 이런 생각이 들 수 있어요. "드라마는 볼 때마다 꼭 이렇게 생각하면서 봐야 해요?" 그 질문, 충분히 이해돼요. 드라마를 볼 때 몰입이 되면 더 재미있게 본다는 점도 잘 알고 있어요. 하지만 드라마를 보면서 '이건 드라마다'라고 생각하는 연습이 필요해요. 이러한 과정을 통해서 습관이 길러지면, 재미는 그대로 느끼면서도 '안전한' 시청이 가능해질 거예요.

이번에는 조금 독특한 형식의 예능 프로그램을 소개할게요. 참고로 오래된 예능 프로그램입니다.

MBC에서 2008년에 처음 방송된 〈우리 결혼했어요〉는 유명한 연예인 두 사람을 가상 부부로 설정한 예능 프로그램이었어요. 초기

〈그림 69〉 TV 예능 프로그램 〈우리 결혼했어요〉.[100]

시즌에 가수 알렉스와 탤런트 신애, 개그맨 정형돈과 가수 태연, 가수 앤디와 가수 솔비 등이 가상 부부로 출연했어요. 이 프로그램은 '가상 결혼'이라는 설정을 분명히 말하고 시작했지만, 두 사람이 함께 시간을 보내며 보여 주는 자연스럽고 달달한 모습 때문에 실제로 사귀는 사이라고 착각하는 시청자들도 있었어요. 게다가 이들의 모습은 다른 예능 프로그램, 광고, 뮤직비디오에서도 계속해서 가상 부부 콘셉트로 보여주었기 때문에, 시청자 입장에서는 점점 가상과 현실의 경계를 헷갈리기도 했죠.

이와 같이 실제처럼 보이는 장면일지라도, 우리는 한 번 더 생각해 봐야 해요. 그것 역시 '만약에 ~라면'에서 시작된 상상 속 가상 이야기일 수 있거든요. 아무리 정교하게 표현되어 현실처럼 느껴지더라도, 그것이 실제 현실이 아닐 수 있다는 점을 잊지 말아야 해요.

요즘은 유튜브나 SNS에서도 현실처럼 보이지만, 사실은 연출된 콘텐츠가 많아요. 이번에는 그런 사례를 하나 소개할게요.

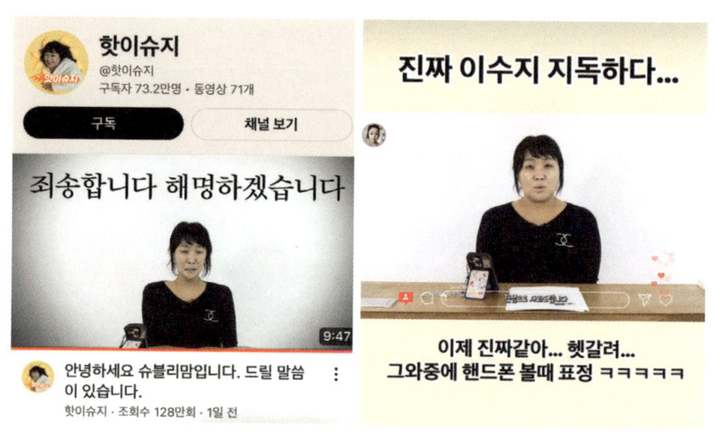

〈그림 70〉 유튜브 채널 핫이슈지.[101]

위 그림에서 볼 수 있듯이 '핫이슈지' 유튜브 채널에 "죄송합니다, 해명하겠습니다"라는 문구가 담긴 섬네일이 보입니다. 그리고 이수지 씨는 검은 옷에 흐트러진 머리로 등장해 무거운 분위기를 연출하고 있습니다. 해당 영상에는 슈블리맘(이수지 씨의 부캐릭터)에 대한 각종 루머와 오해에 대해 설명하고 있어요. 그리고 본인의 실수를 인정하며 사과하는 내용도 담고 있습니다. 겉으로 보기에는 진짜로 해명하는 상황처럼 보이지만, 이 영상은 사회 현상을 풍자하고 비판하는 코미디 콘텐츠입니다. 더욱이 공감되는 상황 설정과 이수지 씨의 매우 현실적인 연기를 통해 순간적으로 실제 상황이라고 착각할 수 있는 영상입니다. 그래서 실제로 이 영상을 자신의 SNS에 공유한 분은 이렇게 말합니다.

'슈블리맘'의 다른 영상에서는 영상 시작 부분에 다음과 같은 사전 고지문을 보여 줍니다.

즉, 이수지 씨가 연기하는 '슈블리맘'은 허구임을 분명히 밝혔음에도 불구하고, 그 표현 방식이 너무 현실적이라 시청자들이 착각할 위험이 있습니다. 게다가 이 영상은 업로드된 지 하루 만에 128만 회 이상 조회수를 기록했어요.[*] 이처럼 많은 사람이 짧은 시간 안에 같은 콘텐츠를 보고, 또 공유하면서 빠르게 확산하는 시대에는, '진짜처럼 보이는 것'에 속지 않도록 더욱더 주의 깊게 바라봐야 해요. 왜냐하면, 이수지 씨의 사례처럼, 미디어에서 보이는 것들이 점점 더 정교해지고, 강한 몰입감을 주면서 마치 진짜처럼 보이도록 연출되고 있기

[*]　　2025년 5월 15일 10시 29분 기준.

때문이에요.

이런 미디어 환경에서는 우리가 '실재'라고 믿는 것들이 실제가
아닌, 그저 연출된 이미지일 수도 있어요. 이처럼 실재보다 더 실재처
럼 보이는 이미지가 현실을 대체하는 현상을, 프랑스의 사회학자 보
드리야르는 '시뮬라르크simulacre'★라고 불렀습니다. 또 그는 이렇게
말해요.

실재가 없는 이미지만 넘쳐나는 세계가 바로 우리의 시대이다. 따라서 실
재보다는 이미지가 범람하여 실재를 사라지게 하는 현대사회는 그 자체
로 실재가 없는 미혹 속에 있다고 할 수 있다.[102]

이 말은 미디어 기술이 발전하면서, 가상과 현실의 경계가 흐려지
고, 우리가 보는 가상의 이미지가 오히려 현실보다 더 진짜처럼 느껴
질 수 있다는 점을 경고하고 있어요. 그래서 보드리야르는 이런 상황
에서 우리에게 해야 할 일을 알려줍니다.

"제거하고 또 제거하라!"

보드리야르는 왜 이렇게 말했을까요? 그 이유는, 이미지 속에는
말보다 더 많은 의미와 감정이 담겨 있어서, 우리가 아무 생각 없이
받아들이면 가상과 현실이 어떤 건지 헷갈릴 수 있기 때문이에요.

★　　시뮬라르크: 현실을 모방한 이미지가 너무 정교해서 오히려 현실을 지
　　　워버리는 상태.

그럼 이제, 잠시 생각해 봐요.

만약에, 여러분이 미디어 속 가상과 현실을 구분하지 못하게 된다면, 어떤 일이 벌어질까요? 그리고 지금 여러분을 헷갈리게 하는 콘텐츠는 뭐가 있나요? 이런 것들을 생각해 보면서, 여러분만의 기준으로 '제거하고 제거하는 방법'을 만들어 보세요. 그 과정을 통해, 여러분은 미디어 속 '만약에~라면'을 찾아내는 능력을 기르게 될 거예요.

10

'누가 기침소리를 내었는가?'는
진짜일까?

앞에서 대부분의 드라마와 영화는 '만약에 ~라면'이라는 상상에서 시작된다고 이야기했어요.

그럼 여기서 질문! 사극은 어떨까요?

사극은 대개 실제 역사적 사건이나 인물을 바탕으로 만들어져요. 그런데…… 사극을 볼 때도 주의해서 봐야 해요. 여러분은 학교에서 한국사 또는 국사 시간에, 역사는 '과거에 실제 있었던 사실'이라고 배웠을 거예요. 그렇지만 우리는 왜 역사의 기록을 바탕으로 만들어진 사극조차 비판적으로 바라봐야 할까요? 그 이유는 사극 역시 작가의 상상력으로 재해석한 이야기이기 때문이에요.

예를 들어볼게요. KBS1에서 2000년부터 2002년까지 방송된 〈태조 왕건〉은 무려 200부작으로 만들어졌어요. 믿겨지나요? 앞에서 사례로 들었던 〈사랑의 불시착〉을 비롯해서 〈도깨비〉, 〈이상한 변호사 우영우〉, 〈선재 업고 튀어〉 같은 인기 드라마 대부분 16부작이에요. 이 작품들 외에도 16부작으로 만들어진 드라마가 아주 많아요. 그럼 〈태조 왕건〉은 16부작 기준으로 본다면 12시즌이 넘는 엄청난 분량의 드라마입니다. 그만큼 많은 이야기가 있다는 의미겠죠? 그럼 여기서 질문을 해볼게요.

"사극에서 사용하는 드라마 대본은 어떻게 만들어질까요?"

대체로 일반 드라마는 작가의 상상력으로 만들어진다고 말했잖아요. 그런데 사극은 보통 『삼국사기』, 『고려사』, 『조선왕조실록』 등 다양한 역사서를 바탕으로 제작돼요. 그럼, 대하사극 〈태조 왕건〉 200부작은 모두 역사서에 기록된 내용을 드라마로 만든 걸까요?

〈그림 71〉 TV 드라마 〈태조 왕건〉에서 신하들에게 "누가 기침 소리를 내었는가?"하고 물었던 궁예.[103]

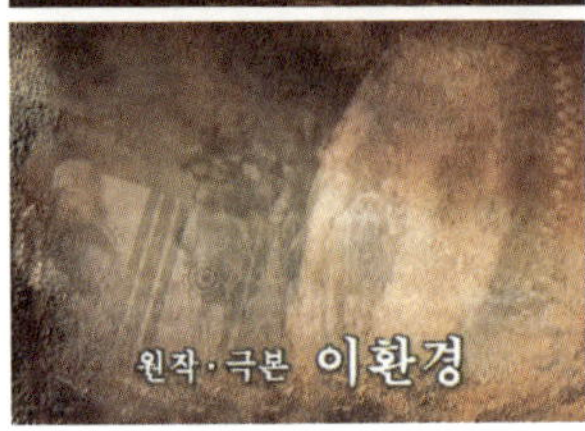

〈그림 72〉 〈태조 왕건〉 타이틀.[104]

이환경 대하역사소설 - 태조 왕건 1

저자	이환경
출판사	밀알
출판일	2000-04-01
등록일	2013-03-25
파일포맷	EPUB
파일크기	490KB
공급사	웅진OPMS

〈그림 73〉 소설 『태조 왕건』.[105]

질문에 먼저 답하자면, 사극의 기본 줄거리는 역사서에 기록된 내용을 바탕으로 하지만, 등장인물의 대사나 장면, 감정 표현 등은 대부분 작가의 상상력에 의해 구성됩니다.

〈그림 72〉에서 볼 수 있듯이 200부작의 대하사극 드라마 〈태조 왕건〉의 원작과 극본은 이환경 작가가 썼습니다. 즉, 이환경 작가는 자신이 집필한 대하 역사소설 〈태조 왕건〉을 TV 드라마 형식에 맞춰 직접 극본까지 쓴 것입니다.

위에서 본 〈태조 왕건〉뿐만 아니라 많은 사극 드라마는 역사서에 간단히 적혀있는 내용을 작가의 상상력으로 풍성한 이야기로 풀어냅니다. 왜냐하면, 역사서에서는 드라마처럼 세세한 내용까지 기록하지 않았기 때문이에요. 자, 그럼 여러분이 한 번쯤 들어봤을 유행어를 말해볼게요.

PART 3.

〈그림 74〉 영화 〈관상〉.[106]

"내가 왕이 될 상인가?"

어디선가 들어보지 않았나요? 이 말은 배우 이정재 씨가 영화 〈관상〉에서 한 대사입니다. 그리고 이 영화에서 이정재 씨가 등장하는 장면 역시 유명해요. 그래서 이 등장 씬scene은 영화 〈늑대의 유혹〉에서 강동원 배우가 우산을 들어 올리면서 등장하는 장면과 함께 한국 영화에서 손꼽히는 멋진 장면입니다.

참고로, 영화 〈관상〉은 세종의 둘째 아들인 수양대군(훗날 세조)이 왕위를 얻기 위해 벌인 계유정난癸酉靖難을 배경으로, '관상'이라는 흥미로운 소재를 결합해서 만든 이야기예요. 이 영화는 역사적 사건을 바탕으로 한 창작물이기 때문에 사실fact과 허구fiction가 섞인 영화, 즉 '팩션faction'의 성격을 가지고 있어요.

이처럼 영화 〈관상〉은 역사적 실존 인물 수양대군과 계유정난이란 역사적 사실fact에, 작가의 상상력이 더해진 이야기fiction가 결합된 영화로 볼 수 있어요. 그래서 관객들은 역사적 사실이라는 점에 현실감을 느낄 수 있고, 여기에 예측할 수 없는 작가의 상상력이 더해져 극적인 재미를 느낄 수 있어요.

그러나 주의할 점이 있죠. 실제 역사를 배경으로 만들어졌기 때문에, 관객들은 영화 내용을 실제 역사처럼 받아들일 수 있어요. 그렇기 때문에 사극은 역사 이야기가 아닌 하나의 상상 이야기로 감상하는 태도가 중요해요(영화 내용을 그대로 믿으면, 역사 시험에서 틀린 답을 고를 수 있어요^^).

이처럼 상상력으로 재해석된 사극은, 그 출발점이 되는 원작의 형태도 다양해요. 〈태조 왕건〉의 경우는 원작 소설이 먼저 있었고, 그 뒤에 원작을 바탕으로 드라마가 만들어졌어요. 반면 영화 〈관상〉은 영화를 만들기 위해 시나리오 작업이 먼저였고, 이후 영화에서는 담지 못한 더 풍부한 이야기가 소설책으로 만들어졌어

〈그림 75〉 소설 『관상』.[107]

요.[108] 이처럼 어떤 작품이 먼저 만들어졌는지는 작품마다 다를 수 있어요. 영화가 먼저일 수도 있고, 소설이 먼저일 수도 있지요.

그렇다면, 사극은 꼭 소설을 원작으로만 해야 할까요? 예상하셨겠지만, 꼭 그렇지는 않습니다.^^ 2021년 KBS2에서 방송된 드라마 〈연모〉는 시청자들에게 매우 큰 사랑을 받았어요. 이 드라마는 한 소녀가 남장을 하고 세자★가 되면서 벌어지는 로맨스 이야기예요. 드라마의 내용 자체가 일반적인 팩션이나 역사서에 나오지 않을 것 같은 설정 같죠? 맞아요. 이 사극은 만화가 원작입니다. 드라마 〈연모〉는 이소영 작가의 만화 〈연모〉를 바탕으로 만들어졌어요.

그럼 여기서 질문!

〈그림 76〉 만화 『연모』와 드라마 〈연모〉.[109]

★   임금의 자리를 이을 이로 정한 아들, 왕세자王世子의 준말

앞에서 말한 〈태조 왕건〉, 〈연모〉, 두 작품 모두 원작이 있었어요. 그렇다면 원작인 소설이나 만화가 드라마로 만들어질 때, 원작의 내용이 그대로 유지될 수 있을까요? 아마 어렵겠죠. 왜냐하면, 소설이나 만화의 내용을 그대로 영상으로 옮길 수는 없어요. 그래서 '각색'이라는 과정을 거쳐야 해요. 각색은 원작의 이야기를 드라마나 영화에 맞게 바꾸는 작업이에요. 이 과정에서 사건의 순서를 재배정하거나, 등장인물과 배경도 원작과 다르게 표현되기도 해요.

그럼 또 질문!

역사적 사건과 인물에 대한 옛 기록들이 있는데, 왜 작가의 상상력이 필요할까요? 그 이유는 우리가 알고 있는 역사 자체가 완벽하게 정리된 것이 아니기 때문이에요. 실제 역사 기록들도 아직 연구 중인 부분이 많답니다. 그러기 때문에 역사에 바탕을 둔 드라마는 그 빈틈을 메우기 위해, 재미를 더하기 위해 작가의 상상력이 들어가는 경우가 많아요.

조선의 288년을 담고 있는 『승정원일기』를 해석하는 한국고전번역원 정영미 연구원이 tvN 〈유퀴즈온더블럭〉에 출연해서 역사서는 지금도 번역되고 있다고 말했어요. 『승정원일기』는 지금의 대통령 비서실 같은 부서에서, 매일매일 왕의 말과 행동을 기록한 공식 업무 일지예요. 정영미 연구원은 『승정원일기』는 대략 2,400권인데, 이것을 모두 해석하는 것은 2048년은 되어야 가능할 것 같다고 했습니다. 왜냐하면 연구원 한 명당 1년에 번역할 수 있는 분량은 책 한 권 분량이기 때문이라고 해요. 그리고 그 내용은 당시 왕의 27~28일 정도의

<그림 77> 〈유퀴즈온더블럭〉에 출연한 한국고전번역원 정영미 연구원.[110]

일과만을 알 수 있다고 하니, '역사는 지금도 번역 중(-ing)'이라고 할 수 있겠죠.

이런 이유와 함께 역사서는 비교적 한정된 내용만을 담고 있어요. 그래서 드라마나 영화와 같은 영상 콘텐츠로 만들기 위해서는 보다 풍부한 이야기와 세밀한 설정이 필요해요. 이를 위해 작가의 상상력이 더해지는 극본★ 작업이 필요한거죠.

그럼 이 글의 제목인 궁예의 "누가 기침소리를 내었는가?"라는 말로 다시 돌아가 볼게요.

★　극본: 극본에는 등장인물의 '대사'는 물론, 인물의 행동과 말투를 나타내는 '지문', 무대 장치나 배경 등을 설명하는 '해설'이 쓰여 있어요.(어린이백과)

만약에 말이야, 혹시……

과연 이 말은 역사적 사실에 의해서 만들어진 말일까요? 아니면 작가의 상상력일까요? 이런 경우, 여러분이 쉽게 정답을 찾기는 어려울 수도 있어요. 하지만 제가 전하고 싶은 건, 이런 역사적 배경으로 만들어진 영화나 드라마조차도 비판적으로 바라봐야 한다는 거예요.

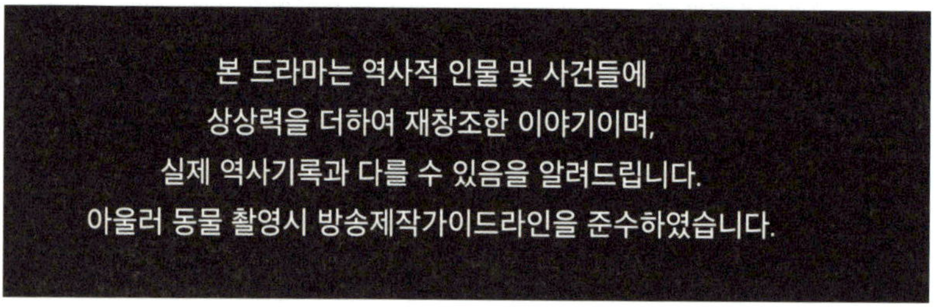

본 드라마는 역사적 인물 및 사건들에
상상력을 더하여 재창조한 이야기이며,
실제 역사기록과 다를 수 있음을 알려드립니다.
아울러 동물 촬영시 방송제작가이드라인을 준수하였습니다.

〈그림 78〉 사극 드라마 사전 고지.[111]

〈그림 78〉은 KBS2에서 2023년에 방송한 대하드라마 〈고려 거란 전쟁〉이 방송되기 전에 보여주는 '사전 고지문'입니다. 그림에서 볼 수 있듯이 이 드라마는 상상력이 더해져 재창조된 이야기라는 점을 알려주고 있어요.★ 이런 안내는 시청자들이 드라마 속 이야기를 실제 역사적 사실로 착각하지 않도록 돕기 위한 거예요. 그러니 드라마

★　　　방송 심의에 관한 규정 제14조(객관성) : 방송은 사실을 정확하고 객관적인 방법으로 다루어야 하며, 불명확한 내용을 사실인 것으로 방송하여 시청자를 혼동케 하여서는 아니 된다.

시작되기 전에 나오는 글도 주의 깊게 살펴보면 좋겠어요.

그렇다면 많이 사람이 너무나도 잘 알고 있는, 역사 속 유명 인물의 이야기는 어떨까요? 제가 어릴 적부터 존경해 온 이순신 장군을 영화와 드라마에서 자주 볼 수 있어요. 특히, "내 죽음을 적에게 알리지 말라"는 말은 너무나도 유명하죠. 이렇게 이순신 장군처럼 우리에게 익숙한 인물도 영화와 드라마는 물론, 소설과 웹툰으로도 재창작되고 있어요. 그 대표적 예가 2001년 동인문학상을 수상한 김훈 작가의 『칼의 노래』입니다.

이 소설의 특징 중 하나는 이순신 장군이 마치 우리에게 직접 이야기하는 것처럼 느껴지도록 1인칭 시점으로 쓰였다는 점이에요. 그래서 "(이순신 장군)나는~", "그날 밤 (이순신 장군) 나는~", "나는(이순신 장군) 말했다", "내가(이순신 장군)~"와 같은 문장들을 통해, 독자들은 이순신 장군의 시선으로 그 시대를 바라보는 듯한 생생한 느낌을 받을 수 있어요.

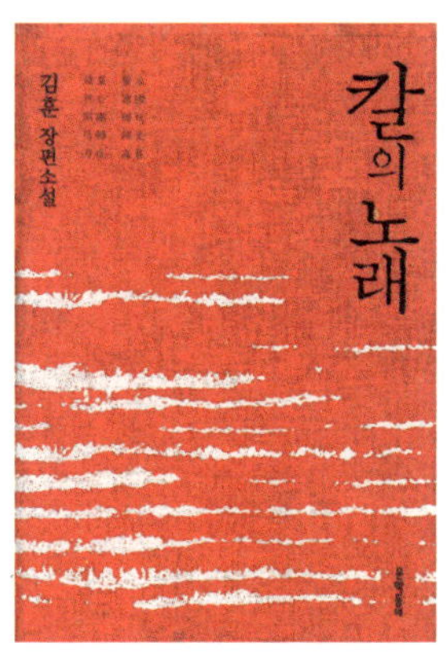

〈그림 79〉 김훈 작가의 소설 『칼의 노래』.[112]

그런데 이순신 장군이 직접 말한 것처럼 들리면, 독자들은 어떤 느낌을 받을 수 있을까요? 혹시 여러분도 제가 걱정하는 부분을 느꼈나요? 이 책은 김훈 작가의 상상력이 더해진 소설입니다. 하지만 그 표현이 너무 생생하다 보니, 독자들이 실제 이순신 장군이 말한 걸로 오

해할 수 있어요. 그래서 김훈 작가는 독자에게 꼭 알려주고 싶은 말을
책 앞부분에 있는 '일러두기'에 이렇게 남겼습니다.

이 글은 오직 소설로서 읽혀지기를 바란다[113]

김훈 작가의 말처럼, 여러분이 보는 영화나 드라마, 소설 대부분은
작가의 상상력을 담은 창작물이라는 점을 기억해 주세요. 그리고 각
색과 극본, 연출가의 의도에 따라 원래 이야기와는 다르게 재해석되
어 새로운 창작물로 만들어질 수 있다는 점도 기억해 주세요. 마지막
으로 김훈 작가가 독자에게 전한 말처럼 저 역시 여러분에게 꼭 전하
고 싶은 말을 아래에 정리해 보았어요.

여러분이 보는 드라마, 영화, 소설 그리고 만화(웹툰)까지도, 작가의 해석
과 상상력이 담긴 창작물로 봐주길 바랍니다.

넌 나의
'원 픽pick'

〈그림 80〉을 잠시 볼까요? 어떤 상황인 것 같나요? 사진 속 장소는 영화 〈쥬라기 공원〉 촬영장으로도 유명한 하와이의 '쿠알로 랜치'입니다. 여행객들은 이곳에서 아래의 그림처럼 재밌는 동영상을 찍곤 합니다.

〈그림 80〉 공룡에게 쫓기는 것처럼 연출된 신혼부부 사진.

조금 더 자세히 볼까요? 뛰어가는 커플 뒤로 입을 크게 벌리면서 쫓아오는 공룡이 보이죠? 이 장면은 어떻게 촬영한 걸까요? 너무 신기하죠. 물론 진짜 공룡은 아니겠지만^^ 이제 그 촬영 비법을 공개하겠습니다.

〈그림 81〉 보이는 게 다가 아니다. '공룡과 신혼부부' 사진 촬영의 비밀.

먼저, 등장하는 사람들(신혼부부-관광객)은 마치 공룡에게 쫓기는 것처럼 두려운 표정을 짓고, 비명을 지르며 달려야 합니다. 이때 촬영자는 손에 낀 공룡 인형을 카메라 가까이에 두고 촬영해요. 여기서 주의할 점이 있습니다. 공룡 인형을 낀 촬영자의 손목이 화면에 나오면 안 됩니다. 만약, 손목이 나오게 된다면, 영상이 너무 시시하거나 재미없는 영상이 될 거예요.

그래서 이런 장면을 볼 때, "화면 밖에서는 어떤 일이 있었을까?"라는 질문을 던져보는 것이 필요해요. 즉. 여러분이 TV나 스마트폰 화면에서 보이지 않는 부분에도 관심을 가져야 한다는 거예요. 왜냐하면 여러분이 보고 있는 영상과 사진은, 그것을 만든 사람이 보여 주고 싶은 특정한 장면만 보여주는 것일 수 있기 때문이에요.

그리고 제작자의 의도와 목적에 따라 선택되고 편집된 결과물이라는 점도요. 하지만 이런 것을 여러분이 쉽게 확인하기는 어려워요. 왜냐하면, 여러분이 제작되는 전체 과정을 지켜본 것도 아니고, 어떤 장면이 편집되었는지 알 수 없기 때문이에요. 그래서 여러분이 보는 것은 어디까지나 편집과 후반작업을 마친 최종 결과물이라는 점을 기억해 주세요.

여러분, 그거 아세요?

방송국에서는 각 프로그램마다 할당된 시간이 있어요. 이는 생방송의 경우도 마찬가지예요. 특별한 경우가 아니라면, 반드시 그 시간 안에 방송이 끝나야 해요. 만약 어떤 프로그램이 정해진 시간을 넘기면, 미리 초 단위로 계산된 프로그램 방송시간과 광고 시간 등 이후의 모든 시간표가 다 바뀌게 되는 거죠. 그러다 보니 제작 프로그램의 경우, 아무리 촬영 영상이 많아도, 편집을 통해서 삭제하고 내용을 축소해서 정해진 시간에 맞추게 됩니다. 그럼, 생방송의 경우는 어떨까요?

〈그림 82〉는 여자 프로배구 경기 중계 장면입니다. 해당 그림의 왼쪽 상단에 보면, 3 대 14라는 점수 와 함께 '매치포인트'라는 글씨가 보일 거예요. '매치포인트'는 승부를 결정짓는 마지막 1점을 뜻해

〈그림 82〉 양해 방송 "정규방송 관계로…".[114]

요. 예를 들어, 한국도로공사 팀이 단 1점만 더 따내면 이 경기는 종료
된다는 걸 알려주는 표현입니다. 현재 세트 스코어 2 대 2이고, 한국
도로공사 팀의 점수가 14점이기 때문에 이제 단 1점, 매치포인트 점
수만 따면 이 경기는 끝나게 됩니다. 아주 결정적인 순간이죠. 그런데
방송에서 다음과 같은 문구가 나옵니다.

"정규방송 관계로 중계방송을 여기서 마칩니다. 시청자 여러분의 양해 바
랍니다."

이제 단 1점만 더 얻으면 경기가 끝나지만, TV 중계방송은 여기서
종료해야 했어요.* 그렇다면 왜 이렇게 중요한 순간에 방송이 끝나는
걸까요? 앞에서 말한 것처럼, 이 배구 중계방송에 배정된 시간을 모두

사용했기 때문이에요. 그럼 반대의 경우는 어떨까요? 예정보다 경기가 너무 빨리 끝나면, 확보한 중계 시간이 남게 되겠죠. 이때는 편성표에 없던 짧은 프로그램이 갑자기 방송되기도 해요. 이처럼 방송국은 정확하게 짜여진 시간표에 따라 프로그램이 방송되는 시스템으로 운영되고 있어요.

그럼 잠시 상황극을 통해, 프로그램이 어떻게 만들어지는 설명해 볼게요.

여러분이 방송국 PD라고 생각해 보세요. 여러분에게 주어진 시간은 정확하게 50분입니다. 여러분이 만들어야 할 방송은 'K-POP의 미래'를 주제로 한 다큐멘터리입니다. 매우 큰 주제이지만 정확하게 50분으로 만들어야 합니다. 가능할까요? K-POP의 미래를 말하기 위해서는 먼저, K-POP의 현상을 소개해야 하고, 팬덤 문화도 보여줘야 합니다. 또 아이돌 그룹에 대해서도 설명해야 하며, K-POP 산업도 알려줘야 합니다. 그리고 미래의 전망까지도 진단해야 합니다. 이 모든 내용을 50분 안에 담는 게 정말 가능할까요?

가능하게 만들어야죠. 어떻게 하면 가능할까요? 편집을 통해서, 때로는 이미지 한 장과 내레이션으로 많은 내용을 가능한 한 압축해서 소개해야 합니다. 그리고 자주 사용되는 방법으로는 전문가의 인터뷰 내용을 통해서 과감하게 많은 내용을 처리할 수도 있습니다. 이

★   참고로 이 경기는 정규방송 관계로 TV 중계방송은 종료되었지만,
     myK를 통해 계속 시청할 수 있었어요.

처럼 여러분이 보는 최종 결과물은 제작자에게 주어진 시간, 제작비, 인력 등 주어진 조건 속에서 만들어진 것입니다.

또 다른 사례로, 축구 중계방송을 살펴볼까요?

〈그림 83〉은 총 14대의 카메라로 운영된 축구 중계 사례를 보여 줍니다. 촬영감독들은 배치표에 따라 각자 맡은 위치에서 경기 모습을 촬영합니다. 그리고 이렇게 수많은 카메라가 촬영하는 영상들은 모두 한 장소로 모이게 됩니다. 바로 그 장소를 '부조정실(또는 중계차)'이라고 부릅니다.

〈그림 83〉 축구 중계 카메라 배치도.[115]

〈그림 84〉와 같은 부조정실에서는 지금 촬영되고 있는 다양한 화면들을 한눈에 볼 수 있습니다. 그렇다면 이렇게 많은 영상들이 동시

에 입력되는데, 방송에는 어떤 것이 나갈까요? 그건 바로 이번 중계방송을 담당하는 PD의 선택이 곧 여러분이 TV에서 보는 겁니다. 마치 이런 식으로요.

〈그림 84〉 부조정실 모습.[116]

PD　(축구장 전체가 나오는) 1번 카메라 감독님, 이 샷은 조금 길게 갈게요. 이 다음에는 2번 카메라(A팀 감독과 대기선수 모습)로 넘어갈 거예요. 준비해 주세요.

2번 카메라 감독님, A팀이 경기에서 지고 있으니까 감독 표정을 잘 잡아주세요.

(잠시 뒤) 카메라 2, 컷CUT

위 상황처럼 수많은 카메라가 현장의 다양한 모습을 촬영하고 있어도, PD의 선택을 받지 못한 장면은 결국 방송에 나갈 수 없어요. 즉, PD에게 선택받은 영상이 바로 여러분이 보는 실시간 방송인 거죠.

그럼 선택에 대한 또 다른 사례를 하나 더 살펴볼게요.

〈그림 85〉 찰나의 시간에 찍힌 사진.[117]

〈그림 85〉을 자세히 봐주세요. 어떤 차이가 보이나요? 왼쪽 사진은 눈을 감은 상태이고, 오른쪽 사진은 눈을 뜨고 있네요. 하지만 두 사진 모두 행동이나 전체적인 모습은 비슷해요. 여러분도 이런 경험을 해본 적 있지 않나요? 아마도 스마트폰으로 연속 촬영을 할 때 비슷한 경험을 해봤을 거예요. 예를 들어, 여러분이 SNS에 올린 사진이나 프로필 사진으로 사용할 사진을 얻기 위해 연속촬영을 했다면, 수

십 장의 사진이 저장되었을 거예요. 하지만 그중에서 실제로 사용되는 건, 가장 잘 나온 단 한 장의 사진이죠. 이와 같이 여러분이 보는 인터넷 뉴스나 각종 SNS에서 보는 사진들도 결국, 올린 사람이 최종적으로 선택한 사진이라는 겁니다.

그런데 이렇게 최종 선택된 사진이 잘못된 의도로 사용될 수도 있어요. 예를 들어, 〈그림 85〉의 왼쪽 사진(눈 감고 있는 모습)을 선택한 뒤, 아래의 글과 함께 SNS에 올린다면 어떻게 될까요?

〈그림 86〉 다른 의미로 해석.

도서관에서, 졸고 있는 아이

여러분은 두 사진을 모두 봤기 때문에, 이 장면이 어떤 순간인지 알고 있어요. 연속 촬영된 사진 중 하나이고, 단지 눈을 깜빡였을 뿐이라는 걸 알고 있죠. 하지만, 이런 설명 없이 단순히 '도서관에서, 졸고 있는 아이'라는 글과 함께 〈그림 86〉이 사용된다면, 사람들은 어떤 생각을 하게 될까요?

사진 한 장만으로는 전체 상황을 다 알 수는 없지만, 분명 눈은 감고 있어요. 게다가 게시글에도 '도서관에서, 졸고 있는 아이'라고 쓰여 있다면, 이미지와 글이 잘 맞기 때문에 이를 본 사람들은 그 내용을 자연스럽게 사실로 받아들일 수 있어요. 하지만 여러분은 생각해야 해요. 이 사진은 수많은 사진 중에서 선택된 단 한 장의 사진이라는 점, 그리고 우리는 전체 상황과 맥락을 알지 못한다는 점을 말이죠.

이처럼 우리가 직접 경험하지 못한 상황일수록, 보이는 장면을 더 주의 깊게 바라봐야 해요. 전쟁의 참혹한 현실을 알려주는 책『타인의 고통』에서 작가 수전 손택은 전쟁을 겪어보지 않은 사람들이 단지 미디어에서 보이는 이미지로만 전쟁을 알고 있기에, 스펙터클(눈에 띄는 광경이나 볼거리)로 인식하게 되는 위험이 있다고 설명했어요.[118] 대부분의 사람들은 전쟁을 직접 경험하기보다는 미디어를 통해 접하게 됩니다. 그렇기 때문에 우리는 전쟁의 참혹한 현실을 온전히 이해하기 어려워요.

더욱이, 전쟁이라는 참혹한 상황을 정보로서 전달해야 하는 뉴스나 방송조차도 점차 스펙터클 한 영상으로 표현되는 점이 있습니다. 그래서 여러분이 알고 있는 전쟁의 모습도 어쩌면, 미디어 속 이미지로 기억되고 있을지도 모릅니다.

마지막으로, 자신을 어떤 이미지로 보여줄지, 또는 남들에게 어떻게 보이게 할지를 스스로 선택하고 꾸밀 수도 있다는 점을 이야기해 보려고 해요. 예를 들어, 여러분의 언니, 오빠, 형, 누나가 회사에 취직하려고 할 때, 자기소개서를 써야 해요. 자기소개서의 줄임말이 자소서인데요, 어떤 회사에서 채용공고가 올라오면, 가장 먼저 해야 할 일 중 하나가 바로 자소서를 제출하는 겁니다. 이렇게 제출된 자기소개서는 보통 1단계 전형에 중요한 평가 자료로 사용돼요. 또 면접에서도 자기소개서의 내용을 바탕으로 질문을 받는 경우도 많아요. 그만큼 자기소개서는 매우 중요한 글쓰기입니다. 그래서 대학에서도 자기

소개서 잘 쓰는 방법을 따로 가르쳐주고 있어요. 그렇다면 자기소개서에 하지 말아야 할 말이 뭘까요?

"저는 2002년 서울 중계동에서 태어났습니다. 저는 외동 딸로서 저희 아버지는 은행원이시고 저의 어머니는 공무원이십니다."

여러분이 기업에서 채용을 담당하는 사람이라고 생각해 보세요. 채용 기간에는 수십, 수백 개의 자기소개서를 읽어야 해요. 이런 상황에서 위에 적힌 내용과 비슷한 내용의 자기소개서는 채용담당자에게 너무 뻔하고 지루하게 느껴질 수 있어요. 반면에 글 구성이 흥미롭고, 회사에서 원하는 인재상에 잘 맞는 내용으로 작성된 자기소개서는 좋은 평가를 받을 가능성이 높습니다. 분명, 이 점은 대부분의 취업 준비생들도 알고 있습니다. 그래서 때로는 자신의 경험을 과장하거나 재해석하는 경우가 있습니다. 하지만, 그 정도가 지나치면, 자소서가 '자소설'★이 될 수도 있어요. 즉, 자신이 실제로 하지 않은 경험을 마치 해본 것처럼 거짓으로 써 내려가는 거예요.

왜 이렇게 할까요?

이는 기업이 원하는 인재상에 자신을 맞추기 위해, 또는 더 감동적인 스토리로 인식되기 위해, 자신의 실제 경험보다 더 멋진 이야기로

★　　　자소설 : 허구적으로 지어서 쓴 자기소개서를 소설에 빗대어 이르는 말.

'편집'하고 '연출'하려는 거죠. 그렇게 하면, 사실을 바탕으로 작성해야 하는 자기소개서가 의도된 이미지와 이야기로 구성된 하나의 미디어 콘텐츠가 되는 셈이에요. 이렇게 되면 자기소개서는 단순한 자기소개글이 아니라, 자신을 특정한 방식으로 보여주기 위해 구성된 이야기라고 할 수 있어요. 그런데 이렇게 의도적으로 구성된 것은 자기소개서만 있는 게 아니에요.

여러분이 미디어를 통해 접하는 영상, 뉴스, 숏폼 콘텐츠, SNS 게시물도 대체로 의도적인 구성으로 만들어진 결과물일 수 있어요. 그래서 전쟁 뉴스든, 자기소개서든, 그것이 실제를 그대로 보여주는 것인지, 아니면 누군가에게 보여주기 위해 의도적으로 구성된 것인지 잠시 멈춰서 생각해 보는 태도가 필요합니다.

여러분이 보는 영상, 뉴스, 사진, 그리고 각종 게시물은 제작자의 목적과 의도에 따라 선택되고 편집된 최종 결과물입니다. 즉, 여러분이 보고 있는 것은 수많은 장면과 정보 중에서 누군가가 고른 원 픽pick일 수 있어요. 그래서 미디어를 접할 때, 단순히 겉으로 드러나는 것만을 보고 판단하기보다는, 그 안에 담긴 의도와 맥락, 그리고 보이지 않는 화면 밖의 상황까지도 함께 고려해 보는 태도가 필요해요. 이러한 비판적 시선이야말로 지금의 미디어 환경에서 반드시 갖추어야 할 미디어 리터러시 능력입니다.

12

미디어에
스며들다

여러분은 최근에 어떤 것에 스며든 적이 있나요? 원래는 좋아하지 않았지만, 어느 순간부터 그것이 좋아지거나, 자주 생각날 때, '스며들었다'라고 말합니다. 아마도 미디어 제작자는 여러분이 그렇게 미디어에 스며들기를 원할 거예요. 그래야 '구독'과 '좋아요'도 누르고, 오랜 시간 시청도 하고, 친구에게 공유도 해주고, 때론 구매까지도 이어질 수 있기 때문이에요.

그렇다면 우리가 미디어에 스며들었다면, 어떤 점을 주의해야 할까요?

〈그림 87〉은 KBS 2에서 방송한 〈개그콘서트〉의 한 장면입니다. 이 개그 코너는 영화 〈황해〉를 모티브로 만들어졌어요. 그래서 코너

이름도 '황해'였습니다. 이 개그 코너의 주요 내용은 중국 연변에 살고 있는 조선족 사람이 어색한 한국어 표현으로 보이스 피싱을 시도하는 모습을 담고 있습니다. 이 코너의 웃음 포인트는 보이스 피싱 범죄조직의 어리숙한 모습이었어요.

〈그림 87〉 〈개그콘서트〉의 '황해' 코너.[119]

그런데 말입니다. 이런 '황해' 코너에 스며들면 어떤 현상이 벌어질까요?

질문을 해보겠습니다. 이 '황해' 개그 코너를 매주 재미있게 본 사람들은 '조선족', '연변 사람'이라는 단어를 듣게 된다면 어떤 이미지가 떠오를까요? 잠시 생각해 보세요.

또 다른 사례를 보죠.

PART 3.

〈그림 88〉 각종 영화 포스터.[120]

　잠시 영화 이야기를 해볼게요. 〈그림 88〉의 ①번 영화는 〈범죄도시〉입니다. 이 영화에는 마동석 배우(마석도 형사 역)와 윤계상 배우(장첸 역)가 주연으로 나옵니다. 극 중 장첸은 조선족 출신으로 중국 하얼빈에서 내려온 범죄조직의 두목이고, 주로 사람들을 때리고, 위협하는 매우 폭력적인 인물로 나옵니다.

　②번 영화는 하정우 배우가 김이 모락모락 나는 밥과 뜨거운 감자를 너무나도 맛있게 먹는 장면으로 유명한 〈황해〉입니다. 이 영화도 조선족 출신의 김구남(하정우)은 돈을 벌기 위해 한국으로 와서 범죄를 저지릅니다. 또한 김구남에게 불법적인 행동을 지시하는 조선족 면정학(김윤석)도 한국에 와서 많은 사람을 협박하고 폭력을 휘두르

는 모습으로 그려집니다.

마지막으로 ③번 영화는 미국 할리우드에서 제작된 마블 영화 〈어벤저스〉입니다. 주요 내용은 위험에 빠진 지구를 위해 최강의 슈퍼히어로들이 미국을 배경으로 활약하는 내용입니다.

또 다시 질문해 볼게요.

위에서 소개한 세 편의 영화를 모두 보았거나, 대략적인 줄거리를 알고 있다면, 여러분이 느끼는 중국의 이미지는 어떤가요? 미국의 이미지는요? 정답은 없습니다. 하지만 여러분의 머릿속에는 어떤 이미지가 자리 잡았을지 한번 확인해 보세요. 실제로 이와 관련된 흥미로운 논문이 있습니다.

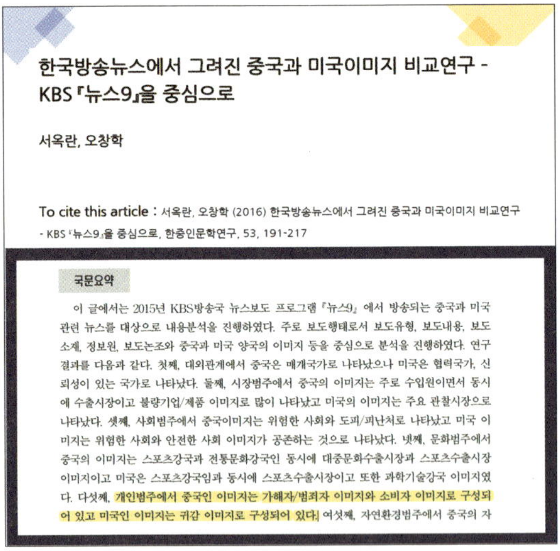

한국방송뉴스에서 그려진 중국과 미국이미지 비교연구 - KBS 『뉴스9』을 중심으로

서옥란, 오창학

To cite this article : 서옥란, 오창학 (2016) 한국방송뉴스에서 그려진 중국과 미국이미지 비교연구 - KBS 『뉴스9』을 중심으로, 한중인문학연구, 53, 191-217

국문요약

이 글에서는 2015년 KBS방송국 뉴스보도 프로그램 『뉴스9』에서 방송되는 중국과 미국 관련 뉴스를 대상으로 내용분석을 진행하였다. 주로 보도행태로서 보도유형, 보도내용, 보도소재, 정보원, 보도논조와 중국과 미국 양국의 이미지 등을 중심으로 분석을 진행하였다. 연구결과를 다음과 같다. 첫째, 대외관계에서 중국은 매개국가로 나타났으나 미국은 협력국가, 신뢰성이 있는 국가로 나타났다. 둘째, 시장범주에서 중국의 이미지는 주로 수입원이면서 동시에 수출시장이고 불량기업/제품 이미지로 많이 나타났고 미국의 이미지는 주요 관찰시장으로 나타났다. 셋째, 사회범주에서 중국이미지는 위험한 사회와 도피/피난처로 나타났고 미국 이미지는 위험한 사회와 안전한 사회 이미지가 공존하는 것으로 나타났다. 넷째, 문화범주에서 중국의 이미지는 스포츠강국과 전통문화강국인 동시에 대중문화수출시장과 스포츠수출시장 이미지이고 미국은 스포츠강국임과 동시에 스포츠수출시장이고 또한 과학기술강국 이미지였다. 다섯째, 개인범주에서 중국인 이미지는 가해자/범죄자 이미지와 소비자 이미지로 구성되어 있고 미국인 이미지는 귀감 이미지로 구성되어 있다. 여섯째, 자연환경범주에서 중국의 자

〈그림 89〉 논문(중국과 미국 이미지 비교연구-KBS 『뉴스9』을 중심으로

이 논문은 KBS의 메인 뉴스인 〈뉴스 9〉에 그려진 중국과 미국 이미지에 대해 비교 분석한 연구예요. 핵심 내용은, 객관적으로 보도해야 할 뉴스조차도 미국과 중국을 서로 다른 이미지로 전달하고 있다는 점이에요. 특히, 개인 범주에서 보여지는 이미지는 뚜렷한 대조를 보입니다.

중국: 가해자/범죄자 이미지
미국: 귀감* 이미지

이 논문을 통해, 뉴스에서도 이렇게 상반된 이미지로 보여질 수 있다는 점을 알 수 있어요. 이와 비슷한 현상은 뉴스 외에도 드라마, 유튜브, SNS, 댓글에서도 특정 국가에 대한 특정 이미지가 반복적으로 나타나고 있어요. 또한 여러분이 만나는 사람들, 특히 어른들로부터 듣는 특정 국가에 대한 이야기나 평가도 여러분의 국가 이미지 형성에 영향을 줄 수 있습니다.

그래서 이 점을 꼭 기억해 주세요. 그것 역시 '이미지'일 뿐입니다. 여러분이 중국에 대해서 또는 미국에 대해서 직접 공부하고, 깊이 알아보지 않고서 단순히 보이는 것과 들리는 것만을 그대로 믿어버린 건 아닌지 스스로 점검해 봐야 해요. 왜냐하면 우리의 뇌는 같은 자극

★　　　귀감 : 거울로 삼아 본받을 만한 모범

이 반복되면 그 자극을 무시하려는 경향이 있기 때문이에요.[121] 대표적인 예로, 전쟁 중에도 사람들은 잠을 잘 수 있는 이유가 여기에 있어요. 언제 죽을지 모르는 전쟁 상황에서도, 뇌는 반복되는 자극에 감각적으로나 감정적으로 둔감해지는 특성이 있으니까요.

비록 전쟁과 미디어를 같은 상황으로 볼 수 없지만, 반복된 자극에 익숙해지면 경계심이 사라진다는 점에서 비슷한 원리가 작용할 수 있지요.

이처럼 우리가 오랜 시간 별 의심 없이 받아들여 온 생각이나 이미지도, 어느 순간 그냥 당연한 것으로 여기고 쉽게 넘길 수 있다는 점을 기억해 주세요. 왜냐하면, 여러분은 이미 오랫동안 미디어에 노출되어 왔기 때문입니다.

하지만 미디어는 모든 현실을 다 담을 수 없어요. 우리가 보는 영상은 카메라에 포착된 장면, 연출자의 선택을 받은 일부 내용일 뿐입니다. 앞으로 여러분이 대학을 가거나 사회생활을 하게 되면, 다양한 국적의 외국인들을 만날 수 있어요. 아니면 여러분이 살고 있는 동네에서도 다양한 국적의 외국인들을 만날 수 있어요. 그런데 만약, 여러분의 머릿속에 자리 잡은 이미지로 그들을 평가한다면, 그들과 진심 어린 관계를 맺는 것은 어려울 수 있어요. 그래서 중요한 건, 먼저 여러분 안에 어떤 이미지가 형성되어 있는지 돌아보는 노력이 필요해요.

그렇다면, 여러분 안에 형성된 이미지에서 벗어나기 위해 우리는 어떤 태도를 가져야 할까요? 그 실마리는 바로 '감수성'에 있습니다.

<그림 90> 〈개그콘서트〉의 '감수성' 코너.[122]

위 그림은 〈개그콘서트〉의 '감수성' 코너입니다. 이 코너가 시작될 때, 아래와 같은 내레이션이 나옵니다.

북쪽의 오랑캐가 쳐들어와 평양성, 북한산성, 남한산성이 함락되고 마지막 남은 '감.수.성'…이 감수성의 장군들은 감수성이 풍부했으니……

이 감수성 코너에 등장하는 출연자들은 모두 감수성이 풍부한 인물로 설정되어, 사소한 말에도 쉽게 삐치고, 기분 상하는 모습을 재미있게 표현했어요. 그 당시 이 코너는 많은 사람들에게 큰 웃음을 주며 인기를 끌었고, 그렇게 많은 사람들이 이 코너에 스며들면서 '감수성'에 대한 의미를 매우 좁은 의미로 인식할 수 있는 계기가 되었습니다.

표준국어대사전에서는 감수성을 '외부 세계의 자극을 받아들이고 느끼는 성질'로 정의해요. 하지만 감수성은 단순히 외부에 의한 자극에 반응하는 것을 넘어, 타인의 감정과 상황, 작은 차이도 민감하게 인식하고 공감하며 배려하는 능력으로 이해되고 있어요. 그래서 감수성은 개인의 성향을 넘어, 함께 살아가는 사회에서 필요한 시민적 태도이자 중요한 가치로 여겨지고 있습니다.

유네스코UNESCO★는 〈세계시민교육: 주제와 학습 목표〉에서 '차이와 다양성에 대한 존중, 연대 및 공감, 가치와 책임을 공유하여 인류애를 함양한다'는 내용을 핵심 개념으로 제시하고 있어요.[123] 이는 다양한 감수성이 실제 삶에서 실천될 때, 진정한 인류애가 가능할 수 있다는 의미로 해석합니다. 다시 말해, 감수성은 다른 사람의 감정이나 상황을 민감하게 알아차리고, 그것을 이해하고 존중하며 배려하려는 마음자세를 말해요. 그래서 감수성은 성별, 장애, 언어, 문화 등 다양한 상황에서 중요하게 작용합니다. 그럼 '장애 감수성'에 대해 잠깐 알아볼까요?

장애 감수성은 일상생활에서 경험하는 다양한 일들을 장애인의 관점에서 인식하고 해석하여 그 일이 어떤 영향을 미칠지 예측함으로써 문제를 해결하는 데 동참하겠다는 심리·사회적 공감을 의미한다.

이해를 돕기 위해서 사례를 들어볼게요. 여러분 앞에 휠체어 탄 분

★ 　유네스코UNESCO: 전 세계 사람들이 더 평등하고 평화롭게 살 수 있도록, 교육·과학·문화·소통을 통해 서로 이해하고 협력하게 돕는 국제기구.

이 계세요. 그분은 아주 작은 방지턱을 넘는 것도 어려워 보입니다. 이 럴 때, 여러분이 다가가서 휠체어 뒤에서 조용히 밀어드리면 될까요?

여기서 장애 감수성을 발휘한다면, 먼저 이렇게 물어볼 거예요.

"제가 도와드릴까요?"

이 질문이 중요한 이유는 공감과 함께 상대방의 입장과 선택을 존중하는 배려가 담겨 있기 때문이에요. 그래서 무작정 도와드리기보다는, 먼저 휠체어를 타신 분의 생각을 확인하는 것이 필요해요.

그럼 여기서 질문.

왜 우리는 장애인을 보면 도와줘야 한다는 생각을 갖게 된 걸까요?

한빛맹학교 안승준 선생님은 이렇게 말합니다. "미디어에서는 가난, 불행, 위기 때마다 장애가 소재로 등장해 사람들의 편견과 오해를 부추기고, 이는 아이들에게 보이지 않는 '벽'이 됩니다."[124] 안 선생님의 말씀처럼, 미디어 속 장애인 이미지는 불쌍하거나, 안타깝거나, 또는 누군가에 도움을 받아야 하는 존재로 비춰지는 경우가 많습니다. 그래서 우리는 장애인을 '도와줘야 하는 사람'으로 오해할 수 있어요. 그렇기 때문에 우리는 장애 감수성을 포함한 다양한 감수성을 갖추는 것이 중요해요.

〈그림 91〉 안승준 한빛맹학교 교사.[125]

이런 감수성은 말 한마디에도 드러날 수 있어요. '2020 도쿄올림픽 폐막식'에서 KBS 이재후 아나운서의 클로징 멘트가 많은 주목을 받았습니다. 그 이유는 장애 감수성이 담긴 그의 표현이 많은 사람들에게 깊은 울림을 주었기 때문이에요.

〈그림 92〉 KBS 이재후 아나운서의 폐막식 클로징 멘트.[126]

여러분은 이재후 아나운서의 말을 듣고 어떤 느낌을 들었나요? 그리고 그는 왜 "도쿄 올림픽"이 아니라 "도쿄 비장애인 올림픽"이라고 말했을까요? 이제 여러분이 풍부한 감수성을 발휘해, 이 표현에 담긴 의미를 스스로 해석해 보세요.

PART 4

시와
감수성

13

틀린 게 아니라,
다른 거예요

〈그림 93〉은 여러분도 한 번쯤 본 적이 있을 거예요. 바로 프랑스 루브르 박물관에 전시된, 레오나르도 다 빈치의 명작 〈모나리자〉입니다. 너무나도 유명한 작품이라, 수백 년 동안 많은 사람들은 이 그림을 두고 수많은 질문을 해 왔어요.

과연 이 사람은 누구일까?

왜 눈썹은 없을까?

완성된 그림일까? 미완성된 그림일까?

왜 자꾸 나를 쳐다보는 느낌이 들지?

그럼 이번엔 여러분에게도 질문해 볼게요. 여러분은 모나리자의
표정이 어떻게 보이나요?

〈그림 93〉 레오나르도 다 빈치의 명화 〈모나리자〉.

승용: 이제 막 웃으려고 하는 것처럼 보여

신애: 나는 웃는 것 같진 않고, 뭔가 의미심장한 느낌이 들어

두 사람의 의견 중 누구의 말이 맞을까요? 아직까지는 확실한 정

PART 4.

답은 없습니다.

왜냐하면, 작가인 레오나르도 다 빈치가 모나리자 표정에 대해 직접적으로 설명한 기록이 아직까지는 발견되지 않았기 때문이에요. 게다가 예술 작품은 정답이 하나 있는 시험 문제가 아니라, 보는 사람에 따라 다르게 느끼는 것이 자연스러운 일이니까요. 그래서 "맞다", "틀리다"보다는, 이렇게 말해보는 건 어떨까요?

"나랑은 다르게 느꼈구나."

그래서 이번에는 '다르게 생각하기'에 대해서 말하려고 해요. 여러분은 하늘에 떠 있는 구름을 보면서 어떤 생각을 하나요?

〈그림 94〉 뭉게구름.[127]

'예쁘다', '솜사탕 같다', '맑은 날씨다', '비행기 타고 싶다', '상쾌하다', '행복하다'처럼 하늘의 구름을 보고 떠오르는 느낌과 감정은 사람마다 정말 다양할 거예요. 그런데, 누군가는 하늘의 구름을 보면서 전혀 다른 걸 떠올릴 수도 있어요. 아래의 그림처럼요.

<그림 95> 상상한 구름 그림.[128]

이 그림을 그린 사람은 구름을 보면서, 고양이와 강아지 그리고 악어까지도 생각이 났나 봐요. 너무 재미있는 그림들이죠? 이처럼 같은

PART 4.

이미지를 보더라도 사람마다 다르게 느끼고 상상할 수 있다는 점을 기억해 주세요.

이번에는 감성과 상상력을 자극하는 실험을 하나 소개할게요. 〈그림 96〉에 보이는 것처럼, 한 남성이 사람들이 많이 지나다니는 길가에 앉아있습니다. 그의 옆에는 "저는 시각장애인입니다. 도와주세요"라고 적힌 박스가 놓여 있습니다. 그는 아무런 말도 하지 않고, 그저 조용히 도움을 기다립니다. 여러분이 이 장면을 직접 목격했다면, 적은 돈이라도 드릴 것 같나요?

<그림 96〉 '나는 시각장애인입니다' 실험.[129]

실험 결과, 대부분의 사람들이 무심히 지나갔어요. 그런데 잠시 후, 한 여성이 등장합니다. 그녀는 "나는 시각장애인입니다"라고 쓰여 있는 박스 뒷면에 펜으로 무언가를 쓱쓱 써 놓고는, 아무 말 없이 그 자리를 떠납니다. 그리고 곧 놀라운 변화가 일어났습니다. 이전과

는 달리 많은 사람들이 발걸
음을 멈추고, 기부를 하기 시
작한 거예요. 그녀는 도대체
뭐라고 썼을까요?

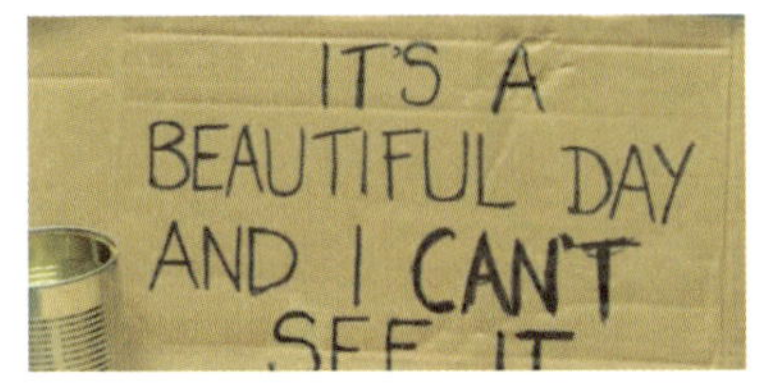

〈그림 97〉 감수성이 반영된 표현의 예.

좋은 날인데 저는 볼 수가 없네요(봄은 오는데 저는 볼 수가 없네요)

시각장애인 남성은 이 글을 써준 여성이 다시 그에게 다가오자 어
떻게 했냐고 물어봅니다. 그러자 그녀는 이렇게 답합니다.

뜻은 같지만 다른 말들로 썼어요

〈그림 98〉 '나는 시각장애인입니다' 실험.

단순히 말만 바꾼 건데 왜 사람들의 마음이 바뀌었을까요? 이 실험처럼, 같은 뜻도 어떻게 표현하느냐에 따라 사람들이 느끼는 감정과 반응이 달라질 수 있어요. 예를 들어, 친구에게 미안한 일이 생겼을 때, 우리는 여러 가지 방식으로 사과할 수 있는데요.

여러분이 만약 사과를 받는 입장이라면, 어떤 방식의 사과가 상한 마음을 풀리게 할까요? 위의 예시 모두 '미안하다'는 말을 하지만, 사과를 받는 사람은 그 표현 방식에 따라 다르게 받아들일 수 있어요. 즉 같은 말이라도 어떻게 전하느냐에 따라 그 말에 담긴 감정과 상대방의 반응은 달라질 수 있습니다.

다음 사례는 EBS에서 방송한 〈세계의 교육〉 독일 편의 한 장면입니다. 독일의 한 공립학교에서 공립학교에 대한 의미를 그림으로 대신 설명해 주고 있습니다. 〈그림 99〉에는 이런 말이 적혀 있습니다.

〈그림 99〉 EBS 〈세계의 교육〉 – 공정한 선발.[130]

공정한 선발이라고 말하지만, 나무에 오르기 시험에 참여하는 동물들은 새 두 마리와 원숭이, 코끼리, 금붕어, 물개, 치와와예요. 여러분이 보기에는 이게 정말 공정해 보이나요? 겉으로 보기에는 모두에게 똑같은 과제를 주었기 때문에 공정해 보일 수 있어요. 하지만 그림을 자세히 보면 각기 다른 재능과 특성을 지닌 동물들이 모두 같은 기준으로 평가받고 있다는 것을 알 수 있어요. 즉 형식은 같지만, 각자의 능력과 조건을 고려하지 않은 공정함은 오히려 불공정할 수 있다는 메시지를 이 그림은 담고 있어요. 이처럼 진정한 공정함은 단순히 모두에게 똑같은 조건이 주어지는 '같은 방식'이 아니라, 서로 다른 배경과 특성을 이해하고 고려하는 데서 출발해야 해요.

그런데 안타깝게도 이러한 모습은 미디어에서 자주 나타나요. 현실은 매우 다양하지만, 미디어에서는 종종 하나의 시선이나 기준만 반복해서 보여 주는 경우가 있지요. 특정 인물, 특정 지역, 특정 직업, 특정 연령, 특정 주제, 특정 이익에 초점을 맞추다 보면, 다양한 관점보다는 한쪽의 생각과 의견만을 보여 주는 경우가 있어요. 예를 들어, 같은 모나리자 그림을 보더라도 관람자마다 다르게 느낄 수 있어요. 어떤 사람은 웃고 있다고, 어떤 사람은 슬퍼 보인다고 말할 수 있어요. 하지만 미디어에서 지속적으로 '모나리지는 웃고 있다'는 한 가지 해석만 반복해서 보여준다면, 여러분은 그 해석에 익숙해져 다른 관점을 떠올리기 어려울 수 있어요.

다양성은 우리 사회를 건강하게 만드는 매우 중요한 가치예요. 서로의 다름을 이해하고 존중할 수 있어야, 더 많은 관점과 가능성을 발견할 수 있지요. 그리고 이런 다양성을 받아들이기에 꼭 필요한 것이 바로 '감수성'입니다. 감수성은 단순히 예민하거나 감성이 풍부하다는 뜻이 아니라, 타인의 감정과 처지, 배경의 차이를 민감하게 인식하고 공감하고 배려할 수 있는 능력이에요. 감수성은 단순한 이론이 아닌 실천으로 드러나는 능력입니다. 그래서 머리로 이해하는 것도 중요하지만 행동으로 실천하는 것이 더 중요해요.

하지만 여러분이 즐겨 보는 영상에는 다양한 감수성을 담기보다는, 좁은 시선으로 표현되는 경우가 많이 있어요. 그래서 우리는 미디어에서 제공되는 내용을 그대로 받아들이기보다 "혹시 다른 시선도 있을까?", "이 장면을 다른 사람은 어떻게 느낄까?"와 같이 스스로에게 질문할 수 있어야 해요. 이런 질문이 바로 감수성을 기르는 시작이죠.

미디어는 세상을 비추는 거울이기도 하지만, 때로는 우리가 보고 싶은 것만 보여주는 창이 되기도 해요. 그래서 우리는 '시선의 창을 넓히는 감수성'을 가지고 미디어를 바라봐야 해요. 그렇게 할 때, 우리는 '틀린 것'이 아닌 '다름'을 생각하는 사람이 되고, 서로의 '다름'을 존중하며, 감수성을 바탕으로 이전과는 다르게 행동하는 사람이 될 수 있어요.

14

나는 네가
좋아하는 것만 줄게

설 명절이나 추석 명절 때 많은 친척이 모인 상황을 상상해 보세요. 넓은 식탁 위에 온갖 맛있는 음식들이 가득하고, 가족 모두 둘러앉아 식사를 하고 있어요. 그런데 여러분이 오직 스팸만 골라 먹고 있다면, 이 모습을 본 할머니나 할아버지는 뭐라고 말씀하실까요?

<그림 100> 진수성찬.[131]

아마 이렇게 말씀하실 거예요. "우리 손주, 골고루 먹어야지. 네 나이에는 이것저것 잘 먹어야 건강해지는 거야." 이 말씀이 여러분을 위해서 하는 말이라는 것을 잘 알고 있죠? 사랑하는 손주가 더 건강하게 자라길 바라는 마음에서 나오는 조언일 거예요. 그러나 누군가는 정반대로 말할지도 몰라요. "넌 스팸 좋아하니까 스팸만 줄게" 누가 이런 식으로 말할까요? 바로 '알고리즘'의 방식이에요.

요즘 우리는 다양한 곳에서 알고리즘의 편리함과 함께 위험성에 대해서도 자주 듣고 있어요. 알고리즘은 여러분이 자주 검색하고 시청하는 기록을 분석해서, 여러분이 좋아할 만한 것을 반복적으로 보여줄 거예요. 여러분의 할머니, 할아버지가 여러분의 건강을 위해 "골고루 먹어야지"라는 말과는 달리, 알고리즘은 여러분이 학령기에 배워야 할 다양성이나 균형은 고려하지 않고, 오직 여러분이 클릭하고 좋아할 것 같은 콘텐츠만 반복해서 추천할 거예요.

그런데 이렇게 정교해진 알고리즘 기술은 이제 우리 일상에서도 쉽게 경험할 수 있어요. 예를 들어 여러분이 운동화를 구매하기 위해서 네이버에서 '나이키 에어맥스'를 검색하고 나이키 홈페이지에서 다양한 신발을 구경했어요.

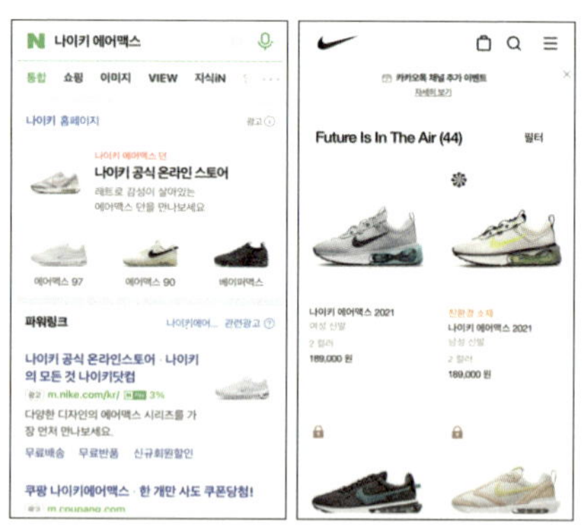

〈그림 101〉 네이버에서 검색한 나이키 에어맥스.[132]

PART 4.

그리고 다른 일을 해야 해서 휴대폰 화면을 끄고, 몇 시간 후 다시 네이버에 접속했어요. 과연, 어떤 일이 벌어질까요? 〈그림 102〉처럼 화면 상단에 '나이키 광고'를 볼 수 있어요. 이 상황을 네이버 입장에서 설명하자면, "아까 네가 나이키 홈페이지에서 신발을 봤잖아? 그런데 아직 구매하지 않아서 혹시 잊었을까 봐 다시 보여주는 거야"라고 말하는 셈이죠. 그런데 이런 경험이 반복된다면 어떤 기분이 들까요?

〈그림 102〉 알고리즘의 결과.[133]

또 다른 예를 들어볼게요. 이번 주말에 가족들과 함께 강릉 여행을 가려고 해요. 그리고 부모님께서 여러분에게 미션을 주셨어요. "우리 딸, 우리 아들, 강릉의 맛집 좀 찾아봐 줘!"

아마도 여러분은 인터넷이나 각종 SNS에서 '강릉 맛집'을 검색하면서 정보를 찾을 거예요. 그런데 이때, 누군가 여러분의 검색 기록을 계속 지켜보고 있다면 어떤 기분이 들까요? 기분 좋지 않겠죠. 여러분이 인터넷에서 검색하고, 구매하고, 업로드하는 모든 행동들이 마치 바닷가 모래사장을 걸어갈 때 발자국이 남는 것처럼 디지털 공간에도 흔적이 남아요. 이것을 '디지털 발자국'이라고 해요.

이런 디지털 발자국을 통해 알고리즘은 더욱더 여러분을 잘 알게 됩니다. 그래서 '강릉 맛집'을 검색한 여러분은 네이버, 구글, 페이스북, 인스타그램, 틱톡, 그리고 여러분이 즐겨 하는 게임에서도 강릉 관련 정보가 뜰 거예요. 왜 그럴까요? 바로 여러분이 검색한 '디지털 발자국'을 기억하고 있기 때문이에요. (한 번 테스트해 보세요~).

아마 여러분도 제가 말한 위 상황을 한 번쯤은 경험해 봤을 거라 생각해요. 그렇다면 전 세계적으로 가장 많이 사용되는 검색엔진인 구글은 이런 정보를 누구보다 많이 가지고 있겠죠? 그래서 일부 사람들은 구글이 너무 많은 것을 알고 있다며 '구글 신God'이라 부르기도 해요. 왜 그럴까요? 여러분이 검색창에 입력한 기록을 통해서 무엇이 궁금한지, 무엇을 좋아하는지, 심지어는 어디가 아픈지까지도 추측할 수 있어요. 더 나아가 구글과 같은 빅 테크 기업들이 여러분의 '비밀 이야기'를 마치 알고 있는 듯한 느낌을 받을 수 있어요. 그게 정말 가능한 일일까요?

네, 여러분이 검색창에 솔직한 마음을 그대로 입력했기 때문에 가능한 일이에요. 그럼, 왜 우리는 솔직하게 말했을까요? 그것은 구글이 우리를 판단하지 않고, 편견 없이 이야기를 다 들어주기 때문이에요.[134] 좀 더 쉽게 말하면, 구글에게는 창피한 것도 편하게 말할 수 있어요. 예를 들면 여러분이 곱셈을 몰라도, 영어에서 be 동사가 헷갈려도, 모두가 안다고 생각하는 쉬운 이론을 몰라도 구글에게는 눈치 보지 않고 물어볼 수 있어요. 또 내가 아플 때 증상도 먼저 구글에 물어볼 수 있지요. 이러한 질문과 검색을 통해서 오직 나만 알고 싶었던 비밀 이야기를 이제는 나와 구글이 함께 알게 되는 겁니다. 하지만 이런 현상은 구글에서만 일어나는 게 아니에요. 여러분이 자주 사용하는 네이버 지식in을 생각해 보세요. 그리고 ChatGPT에게도 다양한 질문을 하는 것을 떠올려 보세요. 이렇게 여러분의 검색 정보가 '디지털 발자국'으로 남게 됩니다.

그런데 이렇게 차곡차곡 쌓아둔 여러분의 정보는 단지 저장만으로 끝나는 것이 아니에요. 많은 기업이 이 정보를 마케팅이나 광고와 같은 수익 활동에 활용하고 있어요. 그래서 〈그림 103〉의 기사에서 볼 수 있듯이 유럽연합EU은 아마존이 개인정보를 동의 없이 타깃 광고에 사용한 점을 이유로 1조 원이 넘는 과징금을 부과하기도 했지요.

아마존, EU서 1조원 '과징금 폭탄'

박주연 기자

입력 2021.08.01 18:12   수정 2021.08.02 00:57   지면 A13   가가

개인정보 침해 혐의로는 사상최대
"위반 없었다…이의제기할 것"

세계 최대 전자상거래기업 아마존이 고객 개인정보를 보호하지 않았다는 이유로 룩셈부르크 정보보호국가위원회(CNPD)로부터 7억4600만유로(약 1조200억원)의 과징금을 부과받았다.

〈그림 103〉 '아마존'의 개인정보 침해 혐의 논란.[135]

이러한 문제가 제기된 이후, 많은 기업들은 바뀌었을까요?

네, 어느 정도 바뀌긴 했습니다. 고객에게 동의를 받는 과정을 강화했지만, 현실은 여전히 복잡해요. 동의 안내문에는 이런 말들이 적혀 있습니다.

- 당사 파트너는 쿠키를 비롯하여 기타 귀하가 소셜 네트워크에 연결하고 귀하가 관심을 가질 만한 광고를 표시하는 다른 메커니즘을 사용합니다.
- 최신 내용 및 프로모션 알림을 허용합니다.
- 개인정보 수집 이용 등의 동의

EU에서 아마존에 과징금을 내게 했던 근거에 대응하기 위해 대다수의 기업은 개인정보 동의 절차를 강화했어요. 그래서 〈그림 104〉와 같이 평소에 여러분이 자주 사용하는 SNS나 틱톡 그리고 각종 앱까지 여러분에게 개인정보 이용 동의를 구하는 팝업을 보았을 거예요.

여기서 질문!

만약 '동의하지 않아요'라고 하면 어떤 일이 벌어질까요? 만약, 여러분이 동의하지 않았다면 사용이 제한되거나, 아예 이용할 수 없게 될 거예요. 그래서 결국 편리함과 즐거움을 위해 '동의합니다'를 누르게 될 수밖에 없죠.

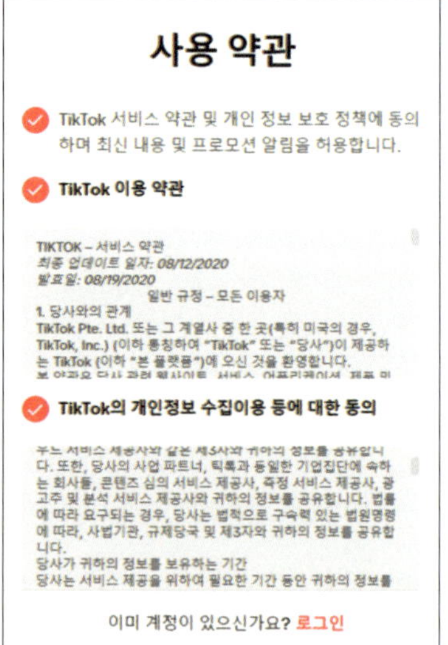

〈그림 104〉 개인정보 수집 이용에 관한 동의를 구하는 TikTok의 안내문.

그 결과, 우리의 개인정보는 계속해서 수집될 것이고, 더욱더 정밀한 방법으로 여러분에게 맞춤형 정보가 추천될 거예요.

구글의 예를 하나 더 들어볼게요. 구글이 처음 설립되었을 때, 초기 모토(신조 또는 좌우명)는 '사악해지지 말자Don't be evil'였어요. 지금은 예전보다 더 많은 사람들의 정보를 가지고 있고, 전 세계적으로 큰 영향력을 펼칠 수 있는 기업이 되었어요. 그렇다면, 구글은 '사악해지지 말자'라는 모토를 잘 이어갔을까요? 참고로 구글의 초기 모토가 이제는 핵심 가치로 사용되고 있지 않습니다.[136]

이제 그림을 보면서 정리해 볼게요. 〈그림 105〉를 자세히 봐주세요. 이 그림의 정중앙에는 여러분을 대신할 'YOU'가 있어요. 그리고 YOU를 둘러싼 주변에는 파란색 계열의 많은 동그라미가 가득하죠. 그런데, 바깥쪽에는 다양한 색의 동그라미가 있는 것도 볼 수 있어요. 이 그림은 알고리즘의 위험성을 알려주는 그림입니다.

좀 더 쉽게 설명해 볼게요. 구글, 넷플릭스, 네이버, 카카오, 유튜브, 틱톡 같은 플랫폼들은 여러분이 좋아할 만한 정보만 계속 보여줄 거예요. 그러다 보면 여러분(YOU)이 파란색 정보는 자주 볼 수 있지만, 다른 색 정보는 점점 보기 어려워질 수 있습니다. 이처럼 알고리즘이 여러분이 좋아하거나 관심 있어 할 만한 정보만 계속 보여주고, 나와 다른 생각이나 새로운 정보는 점점 보이지 않게 만드는 현상을 '필터 버블Filter Bubble'이라고 해요.★

★　　　유사 개념으로 에코 체임버(반향실)도 있어요.

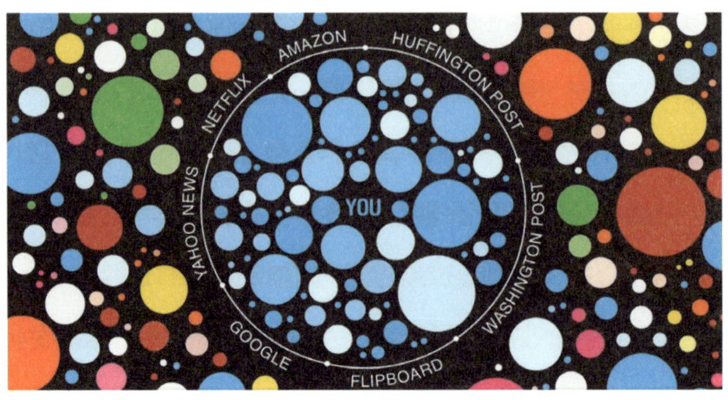

〈그림 105〉 필터 버블.[137]

위 그림처럼, '필터 버블'로 인해 여러분은 더 다양하게 경험할 수 있는 것들을 알고리즘에 의해 제한받을 수 있어요. 하지만 지금처럼 학령기를 보내고 있는 여러분에게 가장 필요한 것은 바로 다양한 경험이에요. 이제 그 중요성을 알려주는 예시를 보여줄게요. 아래의 네 컷 이미지를 봐주세요. 어떤 이야기일지 미리 상상해 보세요. 대략 어떤 스토리일 것 같나요?

PART 4.

〈그림 106〉 아빠와 아들.[138]

이 영상은 아빠와 어린 아기가 함께 식사하는 장면으로 시작해요. 그런데 아빠는 아기를 쳐다보지도 않고, 내내 핸드폰만 집중하고 있어요. 아이에게 밥을 줄 때도 아이의 흥미를 유도하기 위한 비행기 스푼(부우웅~) 같은 재미있는 행동도 하지 않아요. 그냥 핸드폰만 보면서 습관처럼 스푼을 내밀 뿐이죠. 그런데 어느 순간, 아이가 밥을 먹지 않아요. 그제야 아빠는 핸드폰을 멈추고 아이를 바라보죠. 그런데 그 아이는 더 이상 아기가 아니었어요. 어느새 혼자 밥을 먹을 수 있는 청소년이 된 거죠.

〈그림 107〉 시간의 중요성.

여러분이 생각한 스토리와 비슷했나요? 그렇다면 이 영상이 전달하고자 하는 메시지는 뭘까요?

이 짧은 영상은 '지금의 시간을 소중하게 여기라'는 메시지를 담고 있어요. 지금 이 순간이 얼마나 소중한지, 그리고 지금의 시간을 놓치면 나중에 후회할 수도 있다는 걸 알려줍니다.

저는 여기에 한 가지 의미를 더해보고 싶어요. 여러분 나이에 해야 할 경험들이 있지요. 친구들과 좋은 추억도 만들고, 책도 읽고, 여행도 가고, 다양한 취미를 가져보길 바랍니다. 그리고 다양한 생각과 다양한 관점을 접해보는 것을 권해요. 왜냐하면 알고리즘에 의해서 제한된 것만 보게 된다면, 그리고 내가 선호하는 콘텐츠만 보게 된다면 〈그림 107〉에 나오는 아빠의 모습처럼, 어느새 여러분의 청소년기에 만들어야 하는 의미 있고 소중한 시간은 이미 흘러갔고, 그 자리에는 알고리즘에 의해 선택된 경험만 남아 있을 수 있기 때문입니다.

교육학자인 존 듀이는 "경험으로부터 배운다"라고 말하며, '하는 것', '해보는 것', 즉 세상이 어떻게 되어 있는가를 알아내기 위한 과정이 '학습'이라고 말합니다.[139] 여러분에게 다양한 경험은 곧 교육이며, 학습하는 과정입니다. 그런데 알고리즘에 의해 제한된 경험을 하는 것은 여러분 스스로 다양한 관점을 접할 기회를 놓칠 수도 있어요. 그래서 빠르게 변화하는 기술을 이해하는 것도 중요하지만, 그 기술이 나에게 어떤 영향을 미치는지 다양한 시선에서 생각하는 능력, 즉 '감수성'이 여러분에게 필요해요.

그래서 여러분에게 다시 묻고 싶어요. 만약 여러분 앞에 스팸만 먹는 동생이나 조카가 있다면, 여러분은 어떤 말을 해주고 싶나요? 그 말이 바로, 알고리즘 세상 속에서 여러분 스스로에게도 꼭 필요한 말일 수 있어요.

15

그 말,
정말 괜찮을까?

중학교 2학년 학생들에게 듣기 싫은 말이 뭘까요?

"너 중2병이야!"라는 말이 아닐까 생각해요. 그런데 잠시 생각해 보세요. 이 말에는 어떤 의미가 담겨 있을까요?

〈트렌드 지식사전 1〉에 따르면, 중2병은 '중학교 2학년 나이 또래의 청소년들이 사춘기 자아 형성 과정에서 겪는 혼란이나 불만과 같은 심리적 상태, 또는 그로 말미암은 반항과 일탈 행위'라고 말해요. 그리고 '남과 다르다' 또는 '남보다 우월하다' 등의 착각에 빠져 허세를 부리는 사람을 비꼬는 말로도 쓰인다고 합니다.

정말 모든 중학교 2학년 학생들이 사전에서 정의하는 것처럼 반항과 일탈을 하는 걸까요? 아니겠죠. 분명히 아닙니다. 하지만 이렇게 우리가 알게 모르게, 혹은 재미를 목적으로 사용하는 말이 누군가에게 상처를 준다면 여러분은 그 말을 계속 사용할 건가요?

이번 글에서는 여러분이 잠시 생각해 봤으면 하는 말들에 대해 이야기해 보려고 해요.

〈그림 108〉과 같은 장갑을 뭐라고 부르나요? '엄지 장갑'이라고 하나요? 아니면 '손모아 장갑'이라고 부르나요? 이 두 개의 말 모두 처음 들어봤나요? 그럼 이건요?

〈그림 108〉 엄지 장갑, 손모아 장갑.[140]

'벙어리 장갑'

아마 이 말이 익숙하지 않을까 생각돼요. 특히 어른들에게는 더더욱 '벙어리 장갑'이 친숙할 거예요. 그런데 저는 왜, 많은 사람이 익숙하게 쓰고 있는 '벙어리 장갑'이라 말하지 않고, '엄지 장갑', '손모아 장갑'이라고 말하는 걸까요? 그 이유에 대해 말해보고자 해요. 우리가 자주 쓰는 '벙어리 장갑'에서 벙어리는 어떤 의미일까요?

표준국어사전에서는 '벙어리'를 '언어 장애인'을 낮잡아 이르는 말이라고 해요. 과거에는 말을 못 하는 장애인에게 낮잡아 '벙어리'라고 불렀어요. 이와 비슷한 것으로는 앞을 보지 못하는 시각장애인을 뭐라고 낮잡아 불렀을까요? 바로, '장님'이라고 불렀어요. 그리고 청각장애인에게는 '귀머거리'라고 하던 시기도 있었습니다. 제가 지금 여러분에게 이런 말들을 알려주는 건, 아무렇지 않게 사용하는 단어나 말이 누군가에게는 상처가 될 수 있다는 사실을 알려주기 위함이에요.

'벙어리 장갑' 역시 누군가에게는 상처가 되는 말입니다. 만약 여러분 가족 중에 언어 장애를 겪고 있는 분이 있다면, 주변 사람들이 무심코 사용하는 '벙어리 장갑'이라는 말이 여러분에게 어떻게 들릴까요? '엄지 장갑'으로 말하자고 제안한 사람 역시, 자신의 어머니가 언어 장애를 가지고 있었기 때문에 이 단어가 본인에게 상처가 되었다고 합니다. 그래서 그는 쉽게 바뀌지는 않더라도, 한두 명씩이라도 이 말을 쓰지 않다 보면 언젠가는 이런 표현(벙어리 장갑)이 사라질 바란다고 말했어요.

이런 사례처럼, 많은 사람들이 일상생활 속에서 너무나도 자연스럽게 사용하는 말들 중에는 누군가에게 상처가 되거나 차별로 느껴질 수 있는 표현들이 많이 있습니다.★ 이런 차별적인 표현은 주로 장애, 성별, 나이와 관련된 말들에서 자주 나타나요.

먼저 장애에 대한 차별적 표현부터 알아볼까요?

제품의 기능은 같아도 가격, 디자인, 브랜드가 다른 경우가 많아서, 어떤 물건을 살지 고민하게 되는 일이 많아요. 그래서 고민하는 시간이 길어지면 이런 말을 종종 듣습니다.

"너, 선택 장애야?"

★   차별어

또 아주 멋진 장면을 보고서 또 보고 싶을 때나, 그와 정반대의 의미로 보고 싶지 않았지만 보게 된 경우에 이런 말을 하기도 합니다.

"안 본 눈 삽니다"

이번엔 성별과 관련된 표현을 생각해 볼까요?

예를 들어, 남자아이 승용이가 울고 있어요. 이때 이런 말을 들을 수 있습니다.

"남자는 우는 거 아니야" 또는, "왜 여자처럼 울고 있어?"

이처럼 성별에 대한 고정된 생각이 담긴 말들이 여전히 쓰이고 있어요. 그래서 이런 표현들을 바꾸려는 노력이 계속되고 있습니다.

아침에 학교 갈 때, 횡단보도에 서서 학생들이 안전하게 도로를 건너갈 수 있도록 도와주는 분들을 본 적 있나요? 이렇게 등교 시간이나 하교 시간에 봉사하는 단체를 뭐라고 부르나요? 바로, '녹색어머니회'라고 합니다. 이제 이 표현에 대해 잠시 생각해 볼까요? 녹색어머

〈그림 109〉 녹색 어머니회, 녹색 학부모회.[141]

니회에는 아버지는 참여할 수 없는 걸까요? 이런 사례처럼 그동안 익숙하게 사용된 표현이라도 조금만 바꾸면 더 나은 의미로 바꿔 쓸 수가 있어요. 그래서 일부 학교와 지역에서는 '녹색학부모회'로 바꾸려는 시도를 하고 있습니다.

비행기를 타고 해외로 간다고 생각해 봐요. 비행기 안에서 승객들의 안전과 편의를 담당하는 승무원을 뭐라고 부르나요? 여자인 경우 '스튜어디스', 남자는 '스튜어드'라고 불러요. 같은 직업인데도 성별에 따라 다르게 불렀죠. 이렇게 성별에 따라 다르게 부르던 것을 개선하고자 대한항공은 2022년 11월부터 남녀 구분 없이 '플라이트 어텐던트flight attendant'라는 표현으로 통합해서 사용하기로 했어요.

이처럼 성별에 따라 달리 부르던 표현들이 점차 바뀌어 가고 있지요. 여러분도 영어 단어를 외울 때, 여성과 남성을 다르게 표현하는 단어를 본 적이 있을 거예요. 하지만 단어와 용어 자체에서 차별을 느낄 수 있기에, 직업을 나타내는 단어에 붙는 'man'이나 'woman' 대신 'person' 또는 'people'처럼 모두를 아우르는 단어로 바뀌고 있어요.

〈그림 110〉 플라이트 어텐던트.[142]

그럼 이제, 나이에 대해서도 알아볼까요?

계절과 장소에 따라 다양한 취미활동을 할 수 있어요. 운동, 그림 그리기, 요리 만들기 등 여러 가지를 할 수 있죠. 그런데 요즘, 처음 배우는 사람들을 부르는 말에 초보+어린이라는 의미로 새로운 신조어들이 사용되고 있어요. 요린이(요리), 골린이(골프), 캠린이(캠프), 주린이(주식), 부린이(부동산)처럼요. 또 잼민이, 급식충, 초딩이라는 말 역시, 생각이 필요한 말들이에요. 왜 그럴까요? 이런 말들에는 아이들을 차별하고 비하하는 뜻이 숨겨져 있기 때문입니다.

그러면 여기서 잠깐!

어린이날 하면 떠오르는 인물은 누구인가요? 소파 방정환 선생님을 떠올랐나요? 방정환 선생님은 아이들도 권리가 있고 그것을 인정해야 한다고 주장하셨어요. 그렇기에 사전적 의미로도 어린이날은 '어린이의 지위 향상을 위하여 정한 날'이라고 말하고 있어요. 어린이를 어리다고 무시만 할 것이 아니라, 존중받아야 할 대상이라는 점을 기억해야 해요. 그렇기에 지금의 ~린이, ~충, 초딩과 같은 단어를 말하기 전에 한 번 더 생각해야 해요.

이렇게 우리가 알게 모르게 사용하는 말이 누군가에게는 상처가 될 수 있다는 점을 알아봤어요. 서로가 서로를 위해 배려하고, 그에 맞는 말과 행동으로 이어진다면 누군가는 듣기 싫은 말, 누군가에게는 상처가 되는 말이 사라질 수도 있지 않을까요? 이런 말들이 사라지려면 여러분의 노력이 필요해요. 내가 어떤 말을 할 때 상대가 어떻게 느낄지, 차별적으로 듣지 않을지를 섬세하게 배려하고 공감하는 능력이 필요해요. 이것이 바로 '언어 감수성'이에요.

이렇게 단어 하나에도 누군가를 배려하는 마음이 담길 수 있어요. 그런데 문제는, 이런 '언어 감수성'이 미디어에서는 자주 놓치거나 무시된다는 점이에요. 미디어에서는 재미를 위해, 익숙한 표현을 위해, 감수성이 무시되는 경우가 드물지 않아요. 그렇다면 '언어 감수성'이 실제로 어떤 영향을 줄 수 있는지 알아볼게요. KBS1 TV에서 방송된 〈인간극장〉에 출연한 시각장애인 안승준 선생님은 방송에서 이런 퀴즈를 냈어요.

시각장애인들이 싫어하는 과자는 무엇일까요?

정답은 바로, '눈을 감자'입니다.

4월 1일 만우절을 맞아, 재미를 위한 마케팅 목적으로 '눈을 뜨자'라는 과자가 특별 제작되었어요.[143] 과연 이런 말 한마디가 어떤 효과로 나타났을까요?

〈그림 111〉 과자 '눈을 감자'와 '눈을 뜨자'.[144]

<그림 112> 과자 '눈을 뜨자' 100봉지를 구매한 장면.[145]

<그림 112>은 2025년 4월 14일 KBS1 TV에서 방송된 <인간극장>의 한 장면입니다. 이 방송에는 시각 장애인 안승준 선생님의 아내가 '눈을 뜨자'라는 과자가 출시되었다는 소식을 듣고, 너무 기쁜 나머지 무려 100봉지를 구매한 이야기가 나옵니다. 그리고 안승준 선생님은 자신이 담임을 맡고 있는 시각장애인 학생들에게 이 과자를 전해줍니다.

잠시 뒤 '눈을 뜨자' 과자를 받은 아이들 중 한 명이 이렇게 말합니다.

선생님, '눈을 뜨자' 주셔서 감사합니다. 이거 먹으면 저희 눈 떠요?

잠시 위의 말을 곰곰이 생각해 봐요.

PART 4.

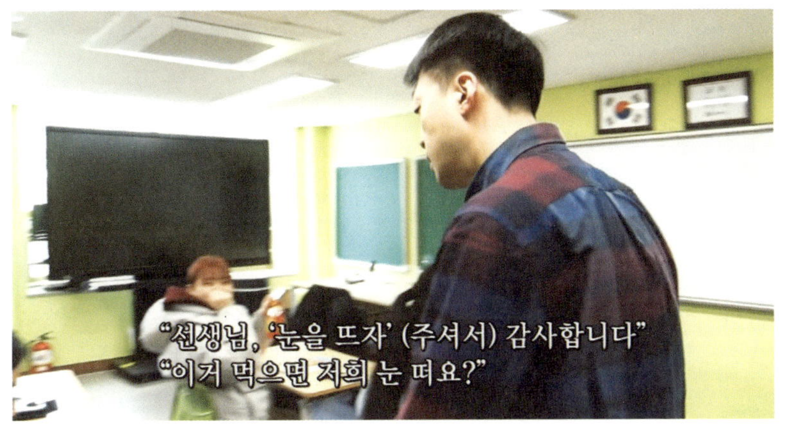

〈그림 113〉 KBS1 〈인간극장〉의 한 장면.[146]

분명 '눈을 뜨자' 과자를 먹는다고 눈을 뜰 수는 없을 거예요. 하지만 그 말 한마디가 누군가에게는 작은 위로가 되었을지 몰라요.

말에는 힘이 있다고 생각해요. 여러분의 말 한마디가 누군가에게는 용기가 될 수 있고, 반대로 상처가 될 수도 있어요. 아마 여러분도 경험해 본 적이 있을 거예요. 그렇다면 오늘 하루를 돌아보며 스스로에게 질문해 보세요.

오늘 나를 기쁘게 해준 말이 뭐였지? 왜 그런 기분이 들었을까?

또, 오늘 나를 화나게 하거나 불편하게 만든 말이 뭐였지? 왜 그렇게 느꼈을까?

이 질문에 대한 여러분의 대답을 꼭 기억해 주세요. 어떤 말이 나를 기쁘게 해주었는지, 또 어떤 말이 나를 화나게 하거나 불편하게 했는지 적어보세요. 그리고 앞으로 누군가에게 말을 건넬 때, 그 기억을 꼭 떠올려 보세요.

말에는 분명 힘이 있습니다.

여러분의 '언어 감수성'은 특별한 순간에만 필요한 것이 아니라, 여러분이 나누는 말과 대화 속에서 타인을 배려하는 데 꼭 필요한 능력이에요.

16

장난이 아닙니다,
딥페이크는 범죄입니다.

승용: (귓속말) 있잖아, 너 그거 알아?

신애: (놀람) 진짜야? 정말?

이 대화는 어떤 상황 같나요? 아마도 비밀 이야기를 나누고 있는 장면처럼 보이죠? 승용이는 신애에게 놀라운 이야기를 말하는 것 같아요. 신애는 매우 놀라기는 했지만, 믿지 못하는 것 같죠. 이런 상황에서, 승용이는 신애에게 확신을 주기 위해 어떤 말을 해야 할까요? 좀 더 자세하게 설명을 해줘도 되겠지만, 가장 강력한 한 방을 사용합니다.

아직 확신을 갖지 못하는 사람에게, "내가 직접 봤어"라는 말은 매우 강력한 근거로 생각할 수 있어요. 그런데 말입니다, "내가 봤어"라는 말을 100퍼센트 믿어도 될까요? 아니겠죠. 이 책의 처음부터 계속 말한 것은 '한 번 더 확인해 보자'라는 거였죠. 그러니 "내가 봤어"라는 말을 그대로 믿기보다, 다시 한번 점검해 보는 습관이 필요해요. 왜 바로 믿으면 안 될까요? 왜냐하면 여러분이 본 것이 실제인지, 조작된 것인지 쉽게 구별하기 어렵기 때문이에요. 특히 사진과 영상은 얼마든지 편집되거나 조작될 수 있으니까요.

그리고 무엇보다도, 눈은 여러분이 생각하는 것만큼 정확하지 않아요.★

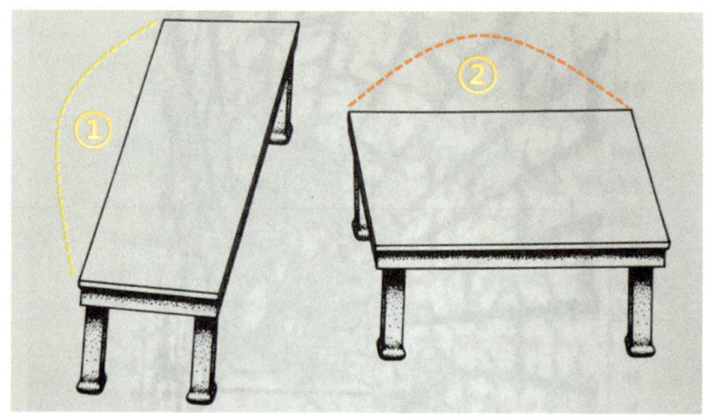

<그림 114> 착시 효과의 예.[147]

★　　　눈에 보이는 정보도 뇌의 해석에 따라 왜곡될 수 있습니다.

〈그림 114〉에는 두 개의 책상이 있습니다. ①과 ②의 길이만 같냐고 물어보려는 게 아닙니다. ①번과 ②번 책상의 넓이(가로×세로)는 완벽하게 똑같은 '쌍둥이 책상'일까요? 일단, 눈으로만 확인해 보세요.

정답은…… 쌍둥이 책상이 맞습니다. 눈으로 보기에 ①번 책상이 조금 더 길쭉한 직사각형 같고, ②번 책상은 좀 통통해 보이죠. 하지만 실제로는 두 개의 책상의 가로, 세로 길이가 정확히 같아요. 믿기지 않죠? 혹시, 주변에 자가 있다면 직접 재보시길 바랍니다. 아니면 어떤 물건을 기준으로 해서 길이를 확인해 보세요. 두 책상의 가로, 세로 길이가 같다는 걸 직접 확인할 수 있을 거예요. 그런데도 이상한 점이 있어요. 제가 분명 두 책상이 같다고 말했는데도, 눈으로 보면 절대 같지 않아 보여요.

하나 더 볼까요?

〈그림 115〉를 자세히 봐주세요. 해외에서도 화제가 되었던 사진이에요. 이 사진을 SNS에 올린 사람은 이렇게 말합니다. "처음에는 그가 구두(힐)를 신고 있는 줄 알았다".

여러분은 어떻게 보이나요? 저도 여러 번 집중해서 본 끝에, 여성이 뒤에서 남성을 안고 있다는 걸 확인할 수 있

〈그림 115〉 남자가 구두를 신은 걸까요?[148]

었어요. 이처럼 착시를 일으키는 재밌는 사진도 있지만, 우리 눈을 정말 감쪽같이 속이는 동영상과 사진이 있어요. 그게 바로 '딥페이크'입니다. 딥페이크는 인공지능 AI 기술을 이용해 누군가의 얼굴, 목소리, 몸짓까지도 다른 사람의 이미지나 영상에 정교하게 합성하는 기술이에요.

〈그림 116〉 아이언맨 딥페이크.[149]

혹시 영화 〈아이언맨〉 또는 〈어벤저스〉 시리즈를 봤나요? 아이언맨을 연기한 사람은 로버트 다우니 주니어라는 배우입니다. 그러나 〈그림 116〉을 보면 왼쪽의 모습이 실제 영화 〈아이언맨〉을 연기한 로버트 다우니 주니어이고 우측에 있는 사람은 영화 〈탑건〉, 〈미션 임파서블〉로 유명한 배우인 톰 크루즈입니다.

2분 39초의 짧은 영상이지만 합성된 톰 크루즈의 모습이 마치 실제 출연자처럼 느껴질 정도입니다. 한 번 아래에 쓰여있는 주소를 입력해서 동영상을 봐주세요.★ 딥페이크라는 걸 알고 있어도, 얼굴과 표정, 말하는 모습까지 자연스럽게 느껴질 거예요. 이처럼 실제처럼 보이게 만드는 기술이 바로 딥페이크입니다.

그런데 딥페이크 영상은 방송국에서만 만들 수 있을까요? 아니면 컴퓨터 그래픽이나 특수 영상을 제작하는 전문가들만 가능할까요?

그렇지 않습니다. 이제는 AI 앱만 있으면, 전문적인 지식이 없어도 간단한 수준의 딥페이크 영상을 직접 만들 수 있는 시대가 되었습니다. 그래서 〈그림 117〉처럼, AI로 만든 영상을 쉽게 볼 수 있을 거예요.

〈그림 117〉 AI로 만든 영상물들.[150]

★   https://www.youtube.com/watch?v=A8TmqvTVQFQ

이제 여러분에게 질문할게요.

이렇게 내가 원하는 이미지와 영상을 쉽고 간편하게 만들 수 있는 시대라면, 우리는 어떤 점을 주의해야 할까요?

바로, 여러분이 보는 것을 좀 더 주의 깊게 보고, 한 번 더 생각하는 습관이 필요합니다. AI 기술은 놀라운 속도로 발전하고 있어서, 실제와 조작된 이미지를 구별하기가 점점 더 어려워지고 있어요. 게다가 누구나 쉽게 AI 프로그램을 사용할 수 있는 환경이 되었기에 '재미로', '신기해서', 또는 '친구들에게 보여주기 위해서' AI로 만든 영상들이 다양한 플랫폼에 계속해서 업로드되고 있어요.

그런데 만약, 단지 재미를 위해 또는 친구들을 웃기려고 내 친구나 타인의 얼굴을 다른 영상에 합성해서 공유한다면 어떨까요? 그 영상

〈그림 118〉 딥페이크 영상, '소지, 시청만 해도 처벌 대상'이라는 내용을 보도한 뉴스 화면.[151]

을 보고 많은 친구들이 크게 웃고 있다면, 그건 정말 괜찮은 일일까요?

여러분, 장난으로 만든 딥페이크는 장난이 아닙니다. 분명한 범죄입니다.

〈그림 118〉에 나온 뉴스처럼, 누군가에게 마음의 상처를 주는 딥페이크 영상을 소지하거나 시청 그리고 유포할 경우 처벌 대상이 될 수 있습니다. 특히 딥페이크 영상이 성범죄에 활용될 경우, 훨씬 강력한 법적 처벌을 받게 됩니다. 이처럼 딥페이크를 이용한 디지털 성범죄가 매년 증가하고 있기 때문에, 정부는 '딥페이크 성범죄 대응 범정부 특정업무팀(TF)'을 구성하고, 이를 막기 위해 다양한 방법을 논의하고 있습니다.

그 방안 중 하나가 '딥페이크 처벌법(성폭력처벌법 개정안)'입니다. 이 법은 디지털 성범죄의 가해자, 시청하는 사람, 전달하는 사람, 소지

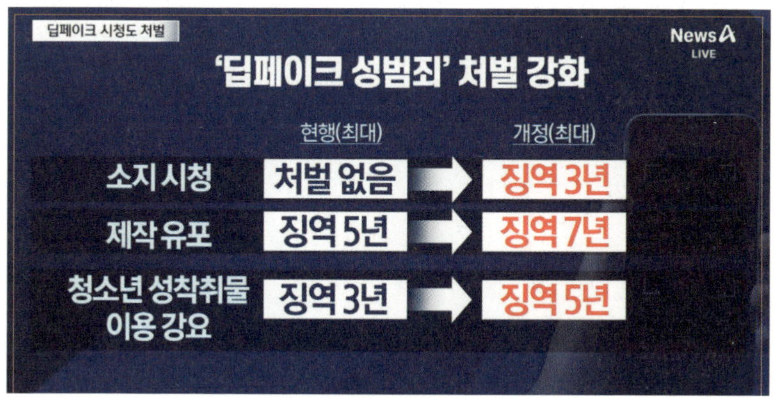

〈그림 119〉 딥페이크 소지, 시청만 해도 처벌됩니다.[152]

하고 있는 사람들의 처벌이 강화된 법이에요. 이는 디지털 성범죄와 딥페이크 영상의 확산과 공유를 막기 위함입니다. 더욱이 경찰청 국가수사본부는 2024년 8월 28일부터 2025년 3월까지 약 7개월 동안 '허위 영상물 범죄 집중단속'을 벌여 딥페이크 성범죄물을 제작·유포·소지·시청한 가해자 963명을 검거했다고 해요. 그런데……

검거 인원 10명 중 7명이 10대였습니다.[153]

10대가 디지털 성범죄를 가장 많이 저질렀다는 말에 여러분은 어떤 생각이 드나요? 많은 친구들이 웃고, 재미있어 했다고 해서 그것을 단순한 장난으로 생각하면 안 됩니다. 이러한 인식 개선을 위해 대한

〈그림 120〉 '딥페이크 디지털 성범죄, 멈추세요' 캠페인의 한 장면.[154]

민국 정부는 '딥페이크 디지털 성범죄, 멈추세요' 캠페인을 만들었어요. 이 캠페인에서 범죄 심리학자 박지선 교수가 이런 말을 합니다.

"지금 당신이 하고 있는 건 놀이가 아닙니다, 범죄입니다!"

그리고 마지막에 이런 말을 합니다

"당신이 재생하는 순간 범죄는 재생산됩니다!"

저는 이 말에 조금 더 의미를 보태고 싶어요. 여러분은 단순한 시청자가 아닙니다. 여러분은 '미디어'입니다. 왜냐하면 여러분은 정보를 전달할 수 있고, 직접 영상도 만들 수 있기 때문이에요. 만약, 디지털 성범죄 영상이나 딥페이크 영상을 만들거나, 재생하거나, 전달한다면, 그 순간 여러분은 범죄를 재생산하는 미디어가 될 수 있다는 사실을 꼭 기억해 주세요.

이러한 딥페이크 성범죄를 막기 위해서는 우리 모두의 노력이 필요해요. 디지털 성범죄로 인해 고통받는 사람의 수치심을 이해하고 공감할 수 있는 '성인지 감수성'이 너무나도 필요한 시점입니다. 그리고 미디어를 올바르고 책임 있게 사용할 수 있는 '미디어 리터러시' 역시 너무나도 중요합니다.

그래서 다시 한번 강조하고 싶어요.

딥페이크는 장난이 아니라, 범죄입니다.

PART 5
아는 것만으로
충분하지 않아,
행동이 중요해

17

너두 You Do
미디어 도슨트가 될 수 있어!

여기까지 읽은 여러분께 박수를 보냅니다. 정말 대단해요.^^

이번 장도 퀴즈로 시작해 볼게요.

미디어와 피카소의 공통점은 무엇일까요?

여러분은 어떤 공통점을 찾았나요? 제가 생각하는 공통점은 이거예요. 둘 다 유명하다는 점이죠.

우리는 미디어도, 피카소도 많이 들어봤고 자주 접했어요. 그런데 막상 설명하려고 하면 어렵게 느껴지죠. 왜 그럴까요?

그건, 익숙하다는 이유만으로 '나는 잘 안다'고 착각하기 쉽기 때문이에요. 그래서 우리는 익숙한 것일수록 다시 낯설게 바라보는 연습이 필요해요.

이제 우리는 미디어와 피카소를 낯설게 보기 위해, 겉으로 보이는 것만이 아니라 그 안에 숨겨진 '작가의 의도'를 살펴보려고 해요. 왜냐하면, 미디어 속 콘텐츠도, 피카소의 그림도 만든 사람의 의도를 담고 있기 때문이죠. 그렇기 때문에, 작가의 의도를 이해해야만 제대로 감상할 수 있어요.

그럼 여기서 질문!!!

피카소의 작품과 낙서의 차이는 무엇일까요?

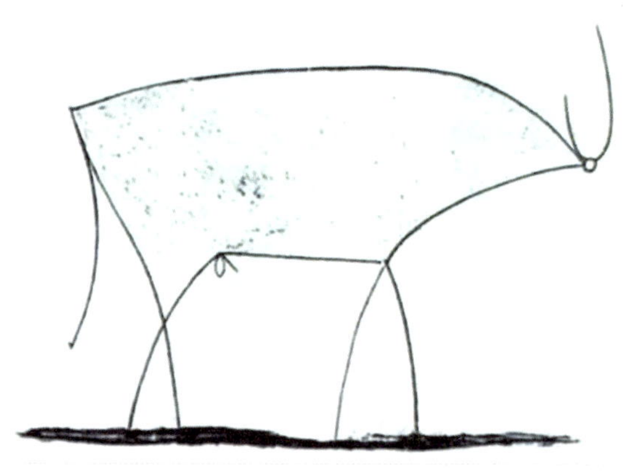

〈그림 121〉 피카소의 황소, THE BULL. STATE XI.[155]

〈그림 121〉은 피카소의 〈황소〉라는 작품입니다. 이 작품은 황소

의 형태를 점차 간결하게 바꿔 나가는 과정을 11단계에 걸쳐 보여주는 시리즈예요. 1단계부터 마지막 11단계까지, 점점 생략되고 단순화되는 그 과정 자체도 매우 유명합니다. 그런데 만약, 이 그림이 피카소의 작품이라는 사실을 말해주지 않는다면, 누군가는 낙서라고 생각할 수도 있을 거예요. 여러분이 보기엔 그림인가요? 아니면 낙서인가요?

하버드 경영대학원 명예교수인 제럴드 잘트먼은 이렇게 말했습니다.

"피카소의 작품과 낙서의 차이는 훈련된 상상력과 허황된 사고만큼의 차이다."

낙서는 별다른 고민 없이, 떠오르는 대로 그릴 수 있어요. 반면 피카소의 작품은 오랜 시간 그림에 대해 고민하며, 작가의 의도를 담기 위해 끊임없이 다듬고 노력한 결과물이에요. 겉보기에는 낙서와 작품이 비슷해 보일 수도 있지만, 그 차이는 결코 작지 않습니다. 작품은 단순한 상상이 아니라, 깊은 탐구와 고민을 통해 다듬어진 '훈련된 상상력'의 결과입니다. 바로 이 지점이 예술과 낙서를 구분 짓는 경계죠.

이런 점에서 우리가 미디어를 소비하는 방식도 낙서와 작품의 차이처럼 생각해 볼 수 있어요. 단순히 미디어를 '보는 것'과, 그 안에 담긴 의도와 메시지를 '제대로 이해하는 것' 사이에는 분명한 차이가 있습니다. 그래서 여러분이 미디어에 담긴 의미를 더 잘 이해할 수 있도록 도와주는 사람이 필요해요. 저는 바로 그 역할을 하고 싶어서 이 책을 쓰게 되었어요.

미술관에는 관람객이 작품을 더 잘 감상할 수 있도록 도와주는 해설사, 도슨트docent가 있습니다. 그렇다면 여러분이 도슨트의 설명 없이 〈그림 122〉을 본다면 어떤 느낌이 들 것 같나요?

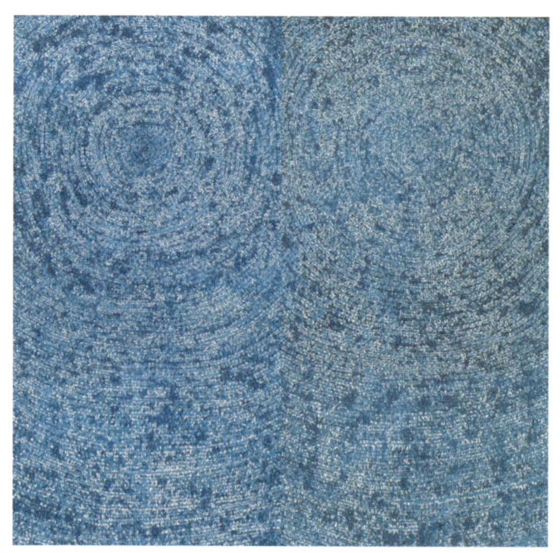

〈그림 122〉 김환기 작가, 우주.

저도 도슨트의 설명 없이 김환기 작가의 그림을 처음 봤을 때, 이해하기 어려운 작품이라고 생각했어요. 그러면서 이런저런 질문들

PART 5.

이 생각났지요. "이 그림은 뭘 그린 거지?", "이 그림의 제목은 왜 Air and Sound(I) 2-X-73 #321일까?", 그리고 "이 그림은, 얼마일까?" 등 궁금한 게 정말 많았어요. 왜냐하면, 저는 이 작품에 대한 정보가 없었기 때문이에요.

그런데 도슨트로부터 작가와 작품에 대한 자세한 설명을 듣고 나니, 그림이 전혀 다르게 보이기 시작했어요. 마치 Before & After처럼, 설명을 듣기 전과 후의 제 시선이 확연히 달라진 걸 느꼈어요. 이전에는 대충 쓱~ 보고 지나쳤던 그림이, 이제는 전혀 다른 느낌으로 다가왔어요. 그럼, 이번에는 제가 조심스럽게 이 작품을 소개해 볼게요.^^

〈그림 122〉에 보이는 작품은 점을 하나하나 찍어서 표현한 그림이에요 그리고 이 작품인 '우주(Universe 05-IV-71 #200)'는 홍콩 경매에서 한화 131억 9천만 원에 낙찰되며, 한국 미술품 사상 최고가 낙찰 기록을 세운 작품이에요. 이 사실을 알고 나니, 이 그림이 조금 다르게 보이지 않나요?^^

〈그림 122〉 이 작품은 김환기 작가가 뉴욕에서 활동하던 시기에 그린 그림입니다. 이 시기를 흔히 '김환기의 뉴욕 시대'라고 불러요. 당시 김환기 작가는 점을 반복적으로 찍는 방식의 추상화를 많이 그렸어요. 점 하나하나에 작가의 의도와 생각을 담아서 표현했기에, 그의 점묘화는 단순한 '점으로 그린 그림'이 아니라, 작가의 절제된 표현이 담긴 작품입니다. 이처럼 눈에 보이는 대상을 그대로 그리는 것이 아니라, 점, 선, 색 등을 통해 표현하는 방식이 '추상 미술'의 특징

이에요.

그래서 추상 미술은 보는 사람이 스스로 작가의 의도를 상상하고 해석해야 하기 때문에 어렵게 느껴질 수 있어요. 피카소의 작품도 마찬가지예요. 피카소 역시 추상 미술을 통해 자신의 생각을 표현했기 때문에, 아무런 설명 없이 그의 작품을 보면 이해하기 어려울 수 있어요.

하지만 도슨트의 설명이 더해지면, 그냥 '보이는 그림'이 '새롭게 보이는 그림'으로 달라질 수 있어요. 도슨트는 정답을 알려주는 사람이 아니라, 관람객 스스로 다양한 해석을 할 수 있도록 시야를 넓혀주는 사람이에요. 이처럼 미디어를 볼 때도 마찬가지죠. 만든 사람의 의도와 메시지를 제대로 이해하려면 다양한 관점에서 바라보는 연습이 필요해요. 그래서 저는 여러분이 스스로 '미디어 도슨트'가 되기를 바랍니다.

도슨트가 누구나 쉽게 할 수 없는 전문적인 직업이듯, 미디어 속 의미를 제대로 읽어내는 것 역시 꾸준한 훈련과 노력이 필요한 일이에요. 그 훈련의 핵심은 바로 '사고력'입니다. 이는 단순히 보는 데서 멈추지 않고, "왜 그럴까?" 하고 질문하고, 다시 한번 생각해 보는 힘이죠.

여러분이 일상 속에서 미디어를 낯설게 보고, 질문하고, 다시 생각하려는 노력을 계속한다면, 어느새 '속이는 미디어' 환경 속에서도 안전하게 이용할 수 있는 '분별하는 사고력'을 지닌 훌륭한 미디어 도슨트가 되어 있을 거예요.

바둑에는 '복기'라는 문화가 있어요. 표준국어대사전에서는 복기를 이렇게 설명해요. "바둑에서, 한 번 두고 난 바둑의 판국을 비평하기 위하여 두었던 대로 다시 처음부터 놓아 봄"

〈그림 123〉 바둑의 복기 문화.[156]

복기하는 시간은 패자와 승자 모두에게 의미 있는 시간이 됩니다. 프로 바둑 선수들은 복기하면서 서로가 두었던 수를 하나씩 되짚고, 실수한 부분, 놓쳤던 전략, 중요한 전환점들을 상대 선수와 이야기하며 함께 실력을 키워 나갈 수 있는 시간입니다.

이처럼 바둑에서 복기를 통해 배움을 얻듯이, 여러분은 미디어를 경험한 후에 복기하는 습관이 필요해요. 내가 본 뉴스, 내가 본 틱톡, 내가 본 페이스북 게시물, 내가 본 댓글을 보면서 어떤 생각을 하고 어떤 감정을 느꼈는지, 그리고 어떤 선택을 했는지 다시 생각해 보는 습관이 중요합니다.

특히 여러분이 직접 업로드하고 댓글, 피드를 남기는 등 다른 사람이 볼 수 내용은 곧 여러분의 '디지털 발자국'이 되기 때문에, 더 깊이 있는 복기의 시간이 필요해요.

여기에 한 가지 더 생각해 볼 점이 있어요. 한양대 유명만 교수는 "진정한 배움은 버림에서 일어난다"고 말합니다.[157] 이는 새로운 학습learning을 저장할 공간을 확보하는 것이며, 이를 '창조적 폐기학습 unlearning'이라고 해요. 유영만 교수는 고정관념과 통념, 그리고 습관적인 것들을 버릴 때, 비로서 새로운 가능성이 열린다고 해요.

저는 여러분이 미디어 리터러시를 실천하면서 이런 '버림의 과정'을 실천하길 바랍니다. 왜냐하면 우리는 하루에도 수많은 정보를 미디어를 통해 받아들이고 있기 때문이에요. 그래서 피카소가 훈련된 상상력을 바탕으로 황소의 형태를 11단계에 걸쳐 단순화시키며 본질을 찾아가듯이, 여러분도 미디어 속 수많은 정보 중 무엇을 남기고 무엇을 덜어낼지를 고민하는 '버림의 과정'을 해보며, 그 핵심과 의도를 스스로 발견해 보길 바랍니다.

이제 정리해 볼게요. 저와 이 책에서 나누었던 이야기들을 떠올려 보세요. 아마도 이 책을 읽기 전보다 분명 미디어를 볼 때, 다르게 보일 거예요. 이제 여러분만의 말투로 결심을 세워보세요. 다양한 미디

어를 보면서 여러분이 느낀 점, 조심해야 하는 점, 노력해야 할 점 등
을 적어보세요. 그리고 그 결심을 실생활 속에서 행동으로 옮기세요.

독일의 작가이자 철학자인 괴테는 이런 말을 했습니다.

아는 것만으로 충분하지 않다.

아는 것을 실천하는 일이 중요하다.

의지만으로 충분하지 않다.

행동이 중요하다.

괴테의 말의 핵심은 마지막 문장입니다. 무엇이 중요하다고 하나
요?

맞아요. 행동이 중요해요. 미디어 리터러시는 이론이 아니라 실천
능력입니다. 행동으로 이어져야만 미디어 리터러시가 가능합니다. 아
무리 훌륭한 선생님에게 많은 것을 배웠다 하더라도 실제로 사용하지
않으면 아무 소용이 없습니다. 운전학원에서 면허증을 땄다고 해도
실제 도로 운전을 자주 하지 않으면 운전하는 것을 주저할 수밖에 없
습니다.

여러분도 미디어 리터러시에 대해 아는 것만으로는 충분하지 않
아요.

'앞으로 확인해야지'라는 의지만으로도 부족해요.

우리가 알게 된 것들을 일상생활 속에서 실천해야 합니다.

그리고 익숙함에 주의하세요. 익숙하다고 해서 다 아는 것이 아니

고, 익숙하다고 해서 틀리지 않는 것도 아닙니다. 그래서 우리는 익숙한 것일수록, 더 조심스럽게 바라볼 필요가 있어요. 이런 태도의 중요성을 잘 보여주는 말이 있습니다. 지휘자 장한나 씨는 자신에게 가장 큰 영감을 준 첼리스트 파블로 카잘스의 말을 이렇게 소개했어요.

"나는 90세가 되어서도 계속 연습을 한다. 내가 계속 나아지고 있다고 생각하기 때문이다." -파블로 카잘스

미디어 리터러시도 마찬가지예요. 연습을 거듭하다 보면, 여러분은 더 나은 미디어 사용자가 될 거예요. 그리고 잊지 마세요. 여러분 한 명 한 명이 곧 '미디어'입니다. '미디어 도슨트'의 마음으로, 여러분이 만나는 사람들에게 좋은 정보와 선한 영향력을 전달하는 'Good 미디어'가 되길 진심으로 바랍니다.

이제 마지막으로, 여러분에게 생각할 거리 하나를 남기고 인사할게요. 아래 사진을 보면서, 제가 왜 이 사진을 보여 주는 건지 스스로 질문해 보세요. 저는 여러분이 생각하는 동안, 또 다른 이야기를 가지고 다시 돌아올게요. 그때까지 미디어 리터러시를 행동으로 실천하는 여러분이 되길 소망합니다.

I'll be back again.

〈그림 124〉 한번 생각해 봅시다.[158]

감사의 글

이 책이 세상에 나오기까지 함께해 주신 모든 분들께 진심으로 감사드립니다. 무엇보다도 제 곁에서 한결같은 응원과 용기를 보내준 아내 임신애 씨에게 무한한 감사를 전합니다. 원고에 몰두하느라 황금연휴조차 함께 하지 못하고, 때로는 예민하게 반응해 마음을 다치게 했던 순간들도 있었습니다. 그 모든 시간을 이해하고 따뜻하게 품어준 당신이 있었기에, 이 책을 완성할 수 있었습니다.

또한 절대적인 지지와 진심 어린 조언으로 힘든 순간마다 초심을 잃지 않도록 이끌어 주신 이진석, 고인숙 선생님께도 깊이 감사드립니다. 바쁜 일정 속에서도 기꺼이 원고를 읽어주시고 귀한 추천사를 써주신 김영식 소장님, 박유남 센터장님, 배상식 교장선생님, 김지영

장학사님, 장애경 선생님, 김기수 선생님, 이재은 사서 선생님, 조세영 청소년 지도사님, 정미애 학부모님, 박인희 학부모님, 신동완Zachary Shin님께도 지면을 빌려 감사의 마음을 전합니다. 그리고 1년 전부터 약속했던 여행을 미뤘음에도 너그러운 마음으로 이해해 준 Wendy Umma에게도 진심으로 감사드립니다.

전작 『위험한 미디어, 안전한 문해력』의 첫 북토크가 열렸던 〈천안○○중학교〉에서, 학생들이 정성스레 준비한 질문들과 호기심 가득한 눈빛은 제게 큰 감동을 주었습니다. 〈부천 ○○고등학교〉에서 만난 학생들의 열정적인 호응 역시, 이 길을 계속 걸어갈 수 있는 큰 용기와 힘이 되었습니다. 또한 〈시청자미디어재단 강원센터〉와 〈금천청소년센터〉에서 진행한 학부모 대상 미디어 리터러시 교육을 통해, 이 배움과 교육이 우리 모두에게 필요한 소중한 가치임을 다시금 깨달았습니다.

이러한 경험 속에서 더욱 선명하게 깨닫게 된 건, 계속 배우고 경험해야 한다는 것입니다. 매우 빠르게 변화하는 미디어 환경과 복잡다단한 정보의 세계 앞에서 저는 여전히 배움이 필요한 사람입니다. 앞으로도 겸손한 마음으로 더 깊이 공부하며, 여러분의 안전한 미디어 사용에 도움을 줄 수 있는 '재미있는 미디어 도슨트, 오승용'으로 꾸준히 성장하겠습니다.

이 책이 세상의 빛을 볼 수 있도록 아낌없는 지원과 격려를 보내주신 〈인물과 사상사〉의 강준우 대표님과 이태준 부장님께 깊은 감사를 드립니다. 두 분의 믿음이 이 책의 든든한 뿌리가 되었습니다. 또한, 저의 학문적 여정에 탄탄한 이론적 토대를 마련해 주신 서울미디어

대학원대학교의 정회경 교수님과 한양대학교의 고운기, 김영재, 박기수, 김치호, 이진 교수님께도 진심 어린 감사의 마음을 전합니다.

그리고 마지막으로, 이 모든 여정을 예비해 주시고, 함께 해주신 하나님께 감사드립니다.

감사의 글

주

1   이미지 출처: EBS 동영상 캡처(https://www.ebsi.co.kr/).

2   이미지 출처: https://blog.naver.com/jnhoon2560/221784315644

3   이미지 출처: 서울대학교 기념품몰

4   이미지 자체 제작.

5   이미지 출처: chatGPT 이미지 생성 + ppt 글씨.

6   https://www.theverge.com/2015/6/17/8790177/inside-out-movie-
    interview-pixar-pete-docter-jonas-rivera

7   https://www.npr.org/2015/06/10/413273007/its-all-in-your-head-
    director-pete-docter-gets-emotional-in-inside-out

8   이미지 출처: https://mdtoday.co.kr/news/view/1065571927268385

9   『생각에 관한 생각』(대니얼 카너먼 지음, 김영사), 38~39쪽.

10 『이토록 뜻밖의 뇌과학』(리사 펠리먼 배럿 지음, 더 퀘스트), 52~54쪽.

11 『생각에 관한 생각』(대니얼 카너먼 지음, 김영사), 71쪽.

12 그림 출처: https://www.youtube.com/watch?v=eairqEdro1E

13 그림 출처: 인스타그램(juliachiochetta) 캡처.

14 『지루하면 죽는다』(조니 레러 지음, 윌북), 267쪽.

15 이미지 출처 : 넷플릭스 영화 캡처

16 Haugen, T., Seiler, S., Sandbakk, Ø., & Tønnessen, E. (2019). The
    training and development of elite sprint performance: an integration of
    scientific and best practice literature. Sports medicine-open, 5, 1-16.

17 이미지 출처: 게티이미지뱅크.

18 Willis, J. & Todorov, A., "First impressions: Making up your mind after a 100-ms exposure to a face", Psychological Science, 17, 2006, pp. 592~598.

19 https://m.health.chosun.com/svc/news_view.html?contid=2024022001223&utm_source=chatgpt.com

20 Wansink, B., ·Sobal, J., "Mindless eating: The 200 daily food decisions we overlook", Environment and Behavior 39(1), 2007, pp. 106~123.

21 Life is 10% what happens to you and 90% how you react to it.

22 『선택의 심리학』(티모시 옌 지음, 프롬북스), 6쪽.

23 이미지 생성: chatGPT 이미지 생성.

24 이미지 출처: 유튜브 SBS뉴스 채널 캡처.

25 한국도로교통공단 교통사고분석 시스템(조회범위 2024년 1월부터 12월까지).

26 이미지 출처: https://www.news1.kr/society/education/4273337

27 한국언론진흥재단 〈2022 10대 청소년 미디어 이용 조사〉 결과, 청소년의 인터넷 이용 시간은 하루 평균 8시간 사용, 특히 초등학생(4~6학년)의 이용 시간은 중,고등학생에 비해 크게 증가하고 있음.

28 이미지 출처: https://blog.naver.com/wltbdi3/221018107492
    https://tsnnecochea.com.ar/locales/abrio-la-puerta-del-auto-sin-mirar-atras-y-una-ciclista-termino-hospitalizada-181710.html

29 이미지 출처: https://blog.hyundai-transys.com/378
    https://blog.naver.com/official_lotterental/221084891311

30 『클리어 씽킹』(셰인 패리시 지음, 알에이치코리아), 185쪽.

31 이미지 출처: EBS 컬렉션 –〈취미는 과학〉 화면 캡처.

32 이미지 출처: EBS 컬렉션 –〈취미는 과학〉 화면 캡처.

33 EBS [취미는 과학] 14화 수학, 1+1은 정말 2인가?(김상현 교수)

34 EBS [취미는 과학] 8화–'유사 과학, 어디까지 과학인가?'(과학철학자 이상욱)

35 이미지 출처: 틱톡 아이디 ssooc 영상 캡처.

36 이미지 출처: mbc 유튜브 캡처.

37 이미지 출처: SBS 뉴스 캡처

38 이미지 출처: YTN 뉴스 캡처

39 『생각에 관한 생각』(대니얼 카너먼 지음, 김영사), 101쪽.

40 『미스빌리프』(댄 애리얼리 지음, 청림출판), 85쪽.

41 이미지 출처: https://www.newsworks.co.kr/news/articleView.html?idxno=435513

42 이미지 출처: https://www.newsworks.co.kr/news/articleView.html?idxno=435513

43 『미스빌리프』(댄 애리얼리 지음, 청림출판), 76쪽.

44 『크리티컬 씽킹』(글로비스 경영대학원 지음, 새로운 제안), 35쪽.

45 이미지 출처: 유웨이 홈페이지 캡처.

46 이미지 출처: https://www.youtube.com/watch?v=FmQh4YqoEdk

47 이미지 출처: https://blog.naver.com/shcho01/223263005452

48 『싱크 어게인』(애덤 그랜트 지음, 한국경제신문), 67쪽.

49 Leonid Rozenblit and Frank Keil, "The Misunderstood Limits of Folk Science: An Illusion of Explanatory Depth", Cognitive Science 26(2002), pp. 521~562

50 『21세기를 위한 21가지 제언』(유발 하라리 지음, 김영사), 326쪽.

51 『선택의 심리학』(티모시 엔 지음, 프롬북스), 93~98쪽.

52 이미지 출처: 유니세프 캠페인 캡처.

53 이미지 출처: SBS 도쿄 올림픽 사이트 캡처.

54 이미지 출처: MBN 뉴스 7 캡처.

55 이미지 출처: KBS뉴스 캡처.

56 이미지 출처: SBS뉴스 캡처.

57 『감정의 이해』(엠마 헵번 지음, 포레스트북스), 82~84쪽.

58 『이모션』(한스-게오르크 호이젤 지음, 흐름출판), 36~37쪽.

59 이미지 출처: 유튜브 〈수향TV〉 캡처.

60 이미지 출처: 유튜브 〈Funny video Inside〉 캡처.

61 이미지 출처: 유튜브 〈5분 Tricks〉 캡처.

62 이미지 출처: 유튜브 캡처(https://www.youtube.com/watch?v=CdilkJr-4hl)

63 이미지 출처: 유튜브 캡처(https://www.youtube.com/shorts/fYEG4AMZDzc)

64 이미지 출처: 유튜브 다우니 채널 캡처(https://www.youtube.com/watch?v=tP9Pdv-T_hM)

65 이미지 출처: 유튜브 ‘어서 와 한국은 처음이지’ 영상 캡처(https://www.youtube.com/watch?v=e9XgJYLqzKA)

66 성은주, 〈감각 이미지를 활용한 시적 형상화의 확장성 연구〉, 『한남어문학』 45, 2024, 83~106쪽.

67 황정석 · 조택연, 〈실내 공간디자인에서 단맛의 조형 특성에 관한 연구-시각과 미각의 감각 연합을 중심으로〉, 『한국 공간디자인학회 논문집』 17(7), 2022, 467~478쪽.

68 이미지 출처: 유튜브 ‘오강릉’ 영상 캡처(https://www.youtube.com/watch?v=Ra60yWstlX8&t=190s)
     https://www.mindgil.com/news/articleView.html?idxno=72081

69 『우리가 운명이라고 불렀던 것들』(슈테판 클라인 지음, 포레스트북스), 88쪽.

70 『광고심리학』(김재휘 지음, 커뮤니케이션북스), 29쪽

71 『우리가 운명이라고 불렀던 것들』(슈테판 클라인 지음, 포레스트북스), 90쪽.

72 『설득의 심리학』(로버트 치알디니 지음, 21세기북스), 132쪽.

73 『모두 거짓말을 한다』(세스 스티븐스 다비도위츠 지음, 더퀘스트), 52쪽

74 『오리지널스』(애덤 그랜트 지음, 한국경제신문), 103쪽.

75 『이토록 뜻밖의 뇌과학』(리사 펠드먼 배럿 지음, 더퀘스트), 114쪽.

76 『우리가 운명이라고 불렀던 것들』(슈테판 클라인 지음, 포레스트북스), 259쪽.

77 JTBC 〈차이나는 클라스〉 캡처.

78 『인상의 심리학』(다나카 도모에 지음, 시그마북스), 199쪽.

79 이미지 출처: https://www.yna.co.kr/view/PYH20230320118100013
     https://www.huffingtonpost.kr/news/articleView.html?idxno=83454

80 이미지 출처: https://ndolson.com/531535
     https://www.jungle.co.kr/magazine/24186

81 『HOW CUSTOMERS THINK』(제럴드 잘트먼 지음, 21세기북스), 46쪽.

82 이미지 출처: https://blog.naver.com/amg_asiae/223724714548 /
     https://v.daum.net/v/aJJOEEbGnM?f=p
     https://www.fi.co.kr/mobile/view.asp?idx=38113

83 『이모션』(한스-게오르크 호이젤 지음, 흐름출판), 143쪽.

84 『이모션』(한스-게오르크 호이젤 지음, 흐름출판), 145쪽.

85 『생각에 관한 생각』(대니얼 카너먼 지음, 김영사), 211쪽.

86 『생각에 관한 생각』(대니얼 카너먼 지음, 김영사), 212쪽.

87 한국언론진흥재단, 〈2022 10대 청소년 미디어 이용 조사〉 주요 결과 발표.

88 이미지 출처: 페이스북 House of Bichon's

89 이미지 출처: https://sports.khan.co.kr/article/201407291625253

90 이미지 출처: 틱톡(코네코요미)

91 이미지 출처: https://www.youtube.com/watch?v=oKt-Jz_s9DE&t=99s

92 이미지 출처: https://www.youtube.com/watch?v=oKt-Jz_s9DE&t=99s

93 이미지 출처: 틱톡 Daphne Pevahouse

94 이미지 출처: https://www.yna.co.kr/view/AKR20240107022300091
    https://theviewers.co.kr/View.aspx?No=3059243

95 이미지 출처: https://sports.naver.com/news?oid =311&aid
    =0001545857
    https://isplus.com/article/view/isp202302110005

96 이미지 출처: https://www.youtube.com/watch?v=6_aFom0hEh8

97 https://www.bbc.com/korean/international-51171771?xtor=AL-
    73-%5Bpartner%5D-%5Bnaver%5D-%5Bheadline%5D-
    %5Bkorean%5D-%5Bbizdev%5D-%5Bisapi%5D

98 이미지 출처: https://tvn.cjenm.com/ko/doctorlife/

99 이미지 출처: 넷플릭스 〈슬기로운 의사생활〉 화면 캡처.

100 이미지 출처: https://www.ohmynews.com/NWS_Web/View/img_
     pg.aspx?CNTN_CD=IE002072870

101 이미지 출처: 유튜브(핫이슈지) 캡처.
     인스타그램(reelchin.nom) 캡처.

102 『보드리야르의 아이러니』(배영달 지음, 동문선), 151·169쪽.

103 이미지 출처: KBS 드라마 클래식 유튜브 캡처.

104 이미지 출처: KBS 드라마 클래식 유튜브 캡처

105 이미지 출처: https://ebook2.gwnu.ac.kr/ebook/detail/?goods_
     id=5550105030000

106 이미지 출처: https://www.youtube.com/watch?v=-aZC1ay8VS0

107 이미지 출처: 교보문고

108 https://www.donga.com/news/Culture/article/all/ 20130927/
57859805/5

109 이미지 출처: KBS, 교보문고

110 이미지 출처: 유튜브 디글 캡처.

111 이미지 출처: 〈고려 거란 전쟁〉 캡처.

112 이미지 출처 : yes24 화면 캡처

113 『칼의 노래』, 김훈, p.12, 문학동네

114 이미지 출처: https://www.fmkorea.com/3377571911

115 이미지 출처: https://isplus.com/article/view/isp201607040008

116 이미지 출처: 〈방송과 기술〉 327호.

117 이미지 출처: chatGPT 이미지 생성.

118 『타인의 고통』(수전 손택 지음, 이후), 14쪽.

119 이미지 출처: 유튜브 〈크큭티비〉 캡처.

120 이미지 출처: https://hanul3808.tistory.com/91
https://kr.pinterest.com/tree10240107/%EC%96%B4%EB%B2%A4%
EC%A0%B8%EC%8A%A4/
https://www.chosun.com/site/data/html_dir/2011/01/06/
2011010600462.html

121 『엄청나게 똑똑하고 아주 가끔 엉뚱한 뇌 이야기』(딘 버넷 지음, 미래의 창),
26~27쪽.

122 이미지 출처: 유튜브 KBS COMEDY 화면 캡처

123 유네스코의 『세계시민교육: 학습 주제 및 학습 목표』.

124 『행복한 교육』 2016년 3월 호 인터뷰 내용.

125 이미지 출처: 『행복한 교육』 봄 vol. 502.

126 이미지 출처: 유튜브 KBS 사사건건 채널 캡처.

127 이미지 출처: https://www.alphawiki.org/w/%EB%AD%89%EA%B2%8
C%EA%B5%AC%EB%A6%84

128 이미지 출처: 인스타그램 PREMIUM_ARTT 채널 캡처.

129 이미지 출처: https://www.youtube.com/watch?v=9u8JmmW7ZCl

130 이미지 출처: EBS 〈세계의 교육〉 캡처.

131 이미지 출처: https://zrr.kr/OCQV

132 이미지 출처: 네이버, 나이키 화면 캡처.

133 이미지 출처: 네이버 화면 캡처.

134 『플랫폼 제국의 미래』(스콧 갤러웨이 지음, 비즈니스북스), 203쪽.

135 https://www.hankyung.com/international/article/2021080134851

136 https://time.com/4060575/alphabet-google-dont-be-evil/

137 이미지 출처: https://publishinstitute.org/news/algorithm-filter-bubble/

138 이미지 출처: 인스타그램 ever_ssam 채널 캡처.

139 『민주주의와 교육』, 존 듀이, p.227~228

140 이미지 출처: https://blog.naver.com/qkrgiddl/222172865442

141 이미지 출처: https://www.coupang.com/vp/products/8371024025?ite
     mId=24190097511&vendorItemId=91207844660
     https://www.tmarketing.co.kr/shop/shopdetail.html?branduid=17471
     06&search=%B3%EC%BB%F6%C7%D0%BA%CE%B8%F0%C8%B8
     %C1%B6%B3%A2&sort=

142 이미지 출처: https://kids.donga.com/news/articleView.html?idxno
     =157872

143 https://www.mk.co.kr/news/business/11270697

144 이미지 출처: https://www.costco.co.kr/Foods/Snack/CookieCracker/
     Orion-Potato-Stick-56g-x-12/p/677794
     https://www.coupang.com/vp/products/8622379842?itemId=250151
     95281&vendorItemId=92020091456&sourceType=CATEGORY&cate
     goryId=195166

145 이미지 출처: 〈인간극장〉 화면 캡처.

146 이미지 출처: 〈인간극장〉 화면 캡처.

147 이미지 출처: 로저 셰퍼드 〈마음의 시각〉.

148 이미지 출처: https://x.com/Boom_likean808/status/ 9997887237001
     91232

149 이미지 출처: 유튜브 https://www.youtube.com/watch?v= A8Tmqv
     TVQFQ

150 이미지 출처: 틱톡 캡처(ID:dalsatang) / (ID:babylovestosing)

151 이미지 출처: 채널A 뉴스 캡처

152 이미지 출처: 채널A 뉴스 캡처

153 https://www.hani.co.kr/arti/society/society_general/1192816.html

154 이미지 출처: 대한민국 정부 유튜브 영상 캡처.

155 이미지 출처 : https://www.pablo-ruiz-picasso.net/work-209.php

156 이미지 출처: https://www.ttimes.co.kr/article/2016021809597771412

157 『끈기보다 끊기』(유영만 지음, 문예춘추사), 117쪽.

158 이미지 출처: chatGPT 이미지 생성.

**속이는 미디어,
분별하는 사고력**

ⓒ 오승용, 2025

초판 1쇄 2025년 9월 18일 찍음
초판 1쇄 2025년 10월 23일 펴냄

지은이 | 오승용
펴낸이 | 강준우

인쇄·제본 | 지경사문화

펴낸곳 | 인물과사상사
출판등록 | 제17-204호 1998년 3월 11일

주소 | (04031) 서울시 마포구 동교로 22길 29 성지빌딩 3층
전화 | 02-325-6364
팩스 | 02-474-1413

ISBN 979-189-5906-810-4 43300
값 17,000원